Livret

des Chasses du Roi,

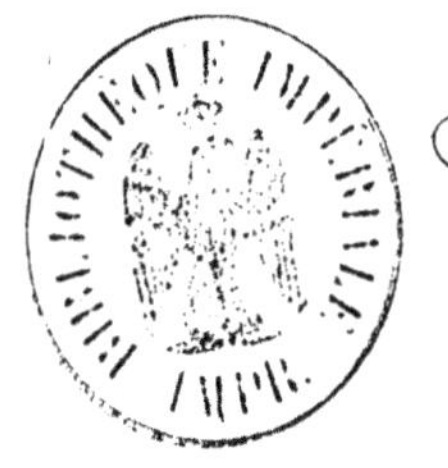

pour 1817.

Grand-Veneur,

M.

Officiers des Chasses.

Chasses à Courre.

M. le B.ᵒⁿ D'Hanneucourt,
Capitaine commandant la Vénerie.

M. D'Hybouville père,
Lieutenant de la Vénerie.

M. le C.ᵗᵉ De Vienne, L.ᵗ en 2.ᵉ

M. le V.ᵗᵉ De Saint-Pern,
Lieutenant honoraire et premier Page.

M. D'Hybouville fils,
second Page.

Chasses à Tir.

M. le Lieutenant général Comte
De Girardin, Capitaine
commandant les Chasses à Tir,
chargé du Service du Grand-Veneur.

M. le C.ᵉʳ De Beauterne,
Porte-Arquebuse.

Budget

du Service du Grand-Veneur,

pour 1817.

Désignation des Articles.	Crédits.		Observations.
	Partiels.	Généraux.	
Personnel.			
Grand-Veneur....... (pour mémoire).		"	
Officiers des Chasses. — Chasses à Courre. — 1 Commandant de la Vénerie.	15,000ᶠ		
1 Lieutenant de la Vénerie.	8,000.		
1 Lieutenant en second.	6,000.		
2 Pages de la Vénerie, à 1,800ᶠ.	3,600.	47,600ᶠ	
Chasses à Tir... — 1 Capitaine Commandant les Chasses à Tir.	15,000.		
1 Porte-Arquebuse (pour mémoire.)	"		
Gratifications. — au premier Page de la Vénerie.	1,200.		Compris sur le Budget de la Chambre pour son traitement.
au second idem.	800.	2,000.	
Administration....... — 1 Secrétaire général.	6,000.		
1 Premier Commis.	1,800.	9,300.	
1 Second Commis.	1,500.		
Chirurgien-médecin.	2,400.		
Contrôleur des Equipages.	2,000.	4,400.	
Equipage de la Vénerie.. Gages.		75,770.	
Habillement des Officiers des Chasses et des Pages (sept personnes à 800ᶠ.)		5,600.	
Gratifications aux Gardes-chasses.		24,800.	
Equipage du Tiré...... Gages.		14,720.	
Total pour le Personnel.......		184,190.	

Matériel.

Désignation des Articles.	Crédits.		Observations.
	Partiels.	Généraux.	
Matériel.			
Administration. { Frais de bureau du Secrétaire général.	3,000ᶠ		
Idem ——— du Controleur des Equipages.	600.	3,600ᶠ	
Habillement de la livrée.		25,115.	
Equipage de la Vénerie. — Chevaux, { Achat en remplacement.	16,000.		
Nourriture.	54,321.		
Ferrage et médicamens.	3,840.		
Couvertures et ustensiles d'écurie.	4,700.		
Sellerie et éperonnerie.	5,276.		
Chenil... { Achat de chiens et remplacement.	5,000.		
Nourriture	17,000.	120,098.	
Armes et munitions.	225.		
Voitures, Achat, entretien et harnais.	2,200.		
Toiles... Achat et entretien.	5,000.		
Linge... Achat et entretien.	900.		
Bois de chauffage.	5,636.		
Equipage du Tiré. — Habillement de la livrée.	5,192.		
Chevaux, { Achat en remplacement.	3,000.		
Nourriture.	10,232.		
Ferrage et médicamens.	768.		
Couvertures et ustensiles d'écurie.	800.		
Sellerie et éperonnerie.	1,200.		
A reporter	21,192.	148,813.	

Désignation des Articles.	Crédits Partiels.	Crédits Généraux.	Observations.
Suite du **Matériel.** Report.	21,192ᶠ	148,813ᶠ	
Écurie... Achat de chiens en remplacement.	250.		
Nourriture.	600.		
Armes.	1,400.		
Munitions.	3,000.	30,738.	
Voitures, achat, entretien et harnais.	1,500.		
Linge, achat et entretien.	600.		
Bois de chauffage.	2,196.		
Achat d'animaux et de menu gibier, nourriture des élèves de faisanderie, pièges, panneaux et entretien des parquets.	52,859.		
Frais de batteurs.	5,000.		
Frais de contrôle pour la destruction des animaux nuisibles.	3,600.	86,259.	
Médicaments pour les Employés des équipages.	800.		
Dépenses imprévues et extraordinaires.	24,000.		
Total pour le Matériel.......		265,810.	

Récapitulation.

....

Personnel.	184,190.	
Matériel.	265,810.	450,000ᶠ

Personnel

des Employés

du Service du Grand-Veneur.

Composition du Personnel des Employés.

Désignation des Emplois.	Nombre.	Noms.	Traitemens annuels.	Observations.
Administration.				
Secrétaire général.	1.	M. Froidure.	6,000ᶠ	
Premier Commis.	1.	M. Darel.	1,800.	
Second Commis.	1.	M. Picard.	1,500.	
Chirurgien - Médecin.	1.	M. Voisin.	2,400.	
Contrôleur des Équipages.	1.	M. Bernard.	2,000.	
Equipage de la Vénerie.				
Chenil.				
Premier Piqueur.	1.	Mousquetaire.	3,000.	
Premier Piqueur piquant.	1.	Labrisée père.	2,200.	
Piqueur de Vénerie.	2.	Flocard cadet.	2,000.	
		Delaunay père.	2,000.	
Valets de Limiers à cheval.	2.	Leroux père.	1,500.	
		Latrace.	1,500.	
Valets de Limiers à pied.	3.	Charlemagne.	1,500.	
		Lafeuille.	1,500.	
		Le Merle-Fanfare.	1,500.	
		À reporter...	16,700.	

Désignation des Emplois.	Nombre.	Noms.	Traitemens annuels.	Observations.
		Report...	16,700ᶠ	
Valets de Chiens à cheval.	4.	Duval-Labroussailles..	1,100.	
		Lechallier...........	1,100.	
		Renard..............	1,100.	
		Leroux fils.........	1,100.	
Valets de Chiens à pied.	9.	Labrisée (Auguste)...	900.	
		Camu...............	900.	
		Burguisseo..........	900.	
		Chéron fils.........	900.	
		Vance aîné.........	900.	
		Delaunay-Laplaine..	900.	
		Leroux (Pierre).....	900.	
		Bessar-Labranche...	900.	
		Vance jeune........	900.	
Surnuméraires.	2.	Trebor.............	450.	
		Sanson.............	450.	
Boulanger.	1.	Chéron père........	750.	

Écurie.

Désignation des Emplois.	Nombre.	Noms.	Traitemens annuels.	Observations.
Premier Piqueur.	1.	Hirschmann.........	3,000.	
Sous-Piqueur.	1.	Elizée.............	1,800.	
Premier Brigadier.	1.	Mathieu (François)...	1,100.	
		À reporter...	36,750.	

Désignation des Emplois.	Nombre.	Noms.	Traitemens annuels.	Observations.
		Report...	36,750.^f	
Brigadiers.	4.	Saint-Aguan......	1,000.	
		Coutelier........	1,000.	
		Bailly aîné......	1,000.	
		Le Merle........	1,000.	
Palefreniers.	20.	Sayd...........	900.	
		Belleau.........	900.	
		Mathieu (Martin).	900.	
		Chevalier........	900.	
		Bailly (Louis)...	900.	
		Arouard........	900.	
		Silvestre.........	900.	
		Boutinot........	900.	
		Aufroy..........	900.	
		Fleury..........	900.	
		Gervais.........	900.	
		Pétigny........	900.	
		Autime.........	900.	
		Pion...........	900.	
		Bouvoisin fils.....	900.	
		Autime (Benoît)..	900.	
		Connétable.......	900.	
		Oursel..........	900.	
		Lambert........	900.	
		Crespin.........	900.	
		À reporter...	58,750.	

Désignation des Emplois.	Nombre.	Noms.	Traitemens annuels.	Observations.
		Report...	58,750 f	
Surnuméraires.	4.	Dalotel...........	450.	
		Françoix...........	450.	
		Guillon...........	450.	
		Vervin...........	450.	
Sellier.	1.	Hetzel (Alexandre)..	1,000.	
Postillons.	3.	Largillière........	1,080.	
		Bouvoisin père.....	1,080.	
		Le Comte........	1,080.	
Délivreur de Fourrages..	1.	Peschard...........	1,000.	
Conducteurs de Voitures.	2.	Mathieu (Michel)..	1,000.	
		Cottret...........	1,000.	
Garçon-Maréchal.	1.	Thévenon........	900.	

Intérieur.

Désignation des Emplois.	Nombre.	Noms.	Traitemens annuels.	Observations.
Concierge.	1.	Bernard père.......	1,500.	
Portiers.	4.	Fayn...........	720.	
		Delange..........	720.	
		Burguisser.........	720.	
		Gervais..........	720.	
Garçon-Ouvrier des toiles.	1.	Samson...........	900.	
Garçon de Bureau.	1.	Viver...........	900.	
Lingère.	1.	M.elle Hudson.......	900.	
		Total......	75,770.	

Désignation des Emplois.	Nombre.	Noms.	Traitemens annuels.	Observations.
Equipage du Tiré.				
Aide-Porte-Arquebuse.	1.	Le Pelletier.........	2,400ᶠ	
Premier Armurier.	1.	Prévost.............	1,200.	
Garçon Armurier.	1.	Coutier.............	1,000.	
Ramasseurs de Gibier.	4.	Mognier............	1,000.	
		Guérin.............	1,000.	
		Scapre.............	1,000.	
		Michel (Louis)....	1,000.	
Postillons.	3.	Valois.............	1,080.	
		Cormier............	1,080.	
		Marcigny..........	1,080.	
Premier Palefrenier.	1.	Auguste...........	1,080.	
Palefrenier.	1.	Etoech............	900.	Entré le 1.ᵉʳ mars 1817. Payé sur le Chapitre des dépenses imprévues, à raison de 500 fr.
Surnuméraire.	1.	Beausse...........	....	
Portier-Concierge.	1.	Grossin...........	900.	
		Total......	14,720.	

Matériel

du Service

du Grand-Veneur.

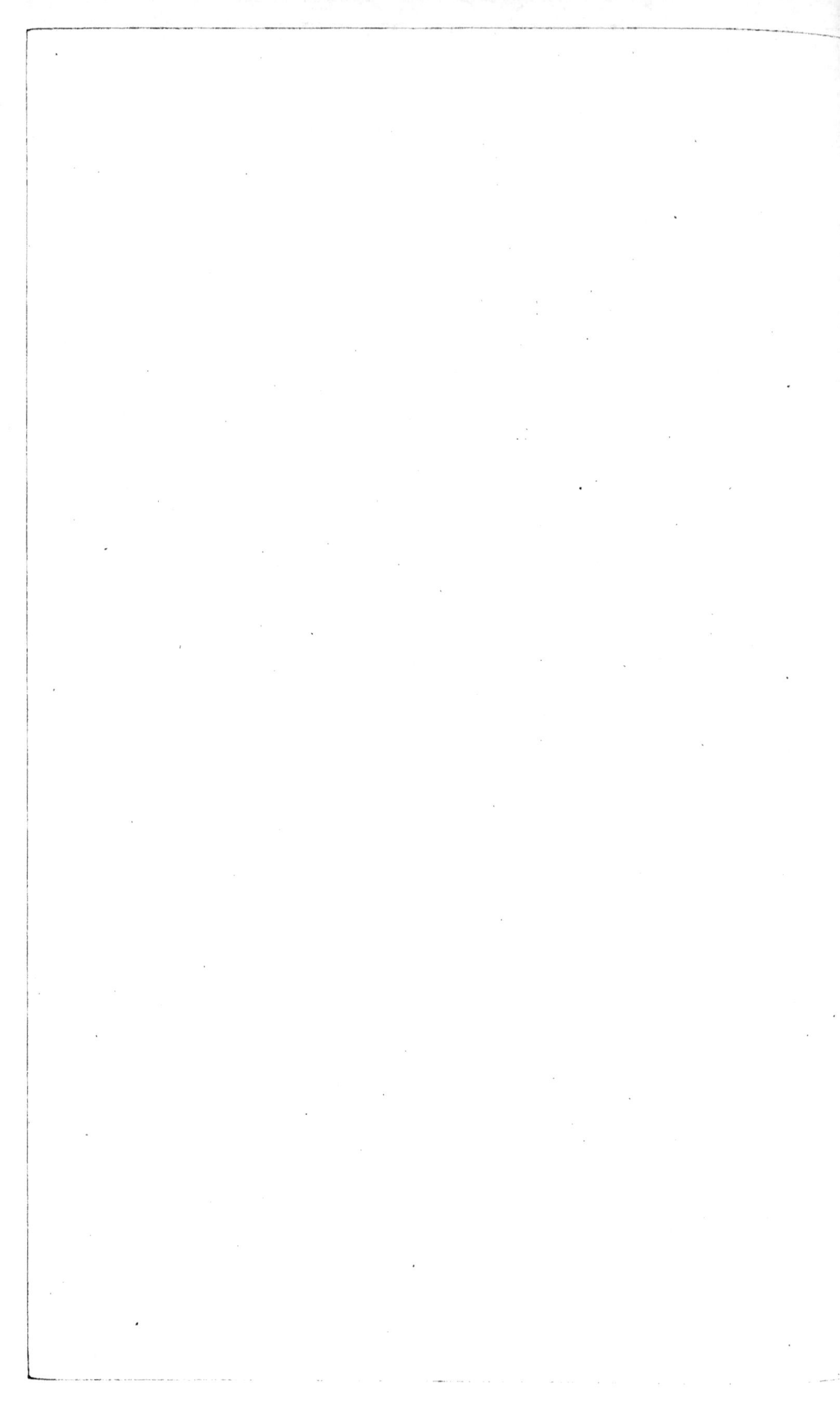

Equipage de la Vénerie.

Habillement de la Livrée.

Détail des Effets revenant à chaque Employé.	Prix.		Totaux.	

Chenil.

Détail des Effets revenant à chaque Employé.	f.	c.	f.	c.
Piqueur.				
1 Habit complet.	520.	"		
1 Chapeau bordé en argent.	40.	"		
1 Paire de bottes fortes.	63.	"	753.	"
1 Trompe.	60.	"		
1 Ceinturon.	70.	"		
Valet de Limiers à cheval.				
1 Habit complet.	513.	"		
1 Chapeau bordé en argent.	40.	"		
1 Paire de bottes fortes.	63.	"	746.	"
1 Trompe.	60.	"		
1 Ceinturon.	70.	"		
Id. à pied.				
1 Habit complet.	513.	"		
1 Chapeau bordé en argent.	40.	"	623.	"
1 Ceinturon.	70.	"		
Valet de Chiens à cheval.				
1 Habit complet.	329.	"		
1 Veste et pantalon.	72.	"		
1 Bonnet.	5.	50.		
1 Chapeau bordé en argent.	40.	"	639.	50.
1 Paire de bottes fortes.	63.	"		
1 Trompe.	60.	"		
1 Ceinturon.	70.	"		

Detail des Effets revenant à chaque Employé.	Prix.	Totaux.
	f. c.	f. c.
Premier Valet de Chiens à pied.		
1 Habit complet de Valet de chiens à cheval, moins une culotte.	296. //	
1 Paire de bottes fortes.	63. //	
1 Ceinturon.	70. //	
1 Habit complet de Valet de chiens à pied.	170. //	776. 50
1 Veste, pantalon et bonnet.	77. 50.	
1 Chapeau bordé en argent.	40. //	
1 Trompe.	60. //	
Valet de Chiens à pied.		
1 Habit complet.	170. //	
1 Veste et pantalon.	72. //	
1 Bonnet.	5. 50.	347. 50
1 Chapeau bordé en argent.	40. //	
1 Trompe.	60. //	
Deux Surnuméraires.		
2 Habits complets.	170. //	
2 Vestes et pantalons.	72. //	
2 Bonnets.	5. 50.	337. 50
2 Chapeaux unis à 15^f.	30. //	
1 Trompe.	60. //	

Détail des Effets revenant à chaque Employé.	Prix.	Totaux.
	f. c.	f. c.
Boulanger.		
1 Redingote.	80. //	
1 Culotte de velours.	33. //	
1 Veste bleue galonnée en argent.	45. //	
1 Veste et pantalon.	72. //	271. 50.
1 Bonnet.	5. 50.	
1 Chapeau galonné en argent.	36. //	

Écurie.

Premier Piqueur.		
1 Habit complet.	520. //	
1 Chapeau bordé en argent.	40. //	660. //
1 Paire de bottes molles.	30. //	
1 Ceinturon.	70. //	
Sous-Piqueur.		
1 Habit complet.	513. //	
1 Chapeau bordé en argent.	40. //	653. //
1 Paire de bottes molles.	30. //	
1 Ceinturon.	70. //	
Premier Brigadier et Brigadiers.		
1 Habit complet.	290. //	
1 Veste et pantalon.	72. //	
1 Bonnet.	5. 50.	433. 50.
1 Chapeau bordé en argent.	36. //	
1 Paire de bottes molles.	30. //	

Détail des Effets revenant à chaque Employé.	Prix.	Totaux.
	f. c.	f. c.
Palefreniers.		
1 Habit complet.	270. "	
1 Veste et pantalon.	72. "	
1 Bonnet.	5. 50.	413. 50
1 Chapeau bordé en argent.	36. "	
1 Paire de bottes molles.	30. "	
Deux Surnuméraires.		
2 Habits complets.	270. "	
2 Vestes et pantalons.	72. "	
2 Bonnets.	5. 50.	
2 Redingotes.	80. "	487. 50
2 Chapeaux unis à 15^f.	30. "	
2 Paires de bottes molles.	30. "	
Sellier.		
1 Habit complet.	250. "	
1 Veste et Pantalon.	72. "	363. 50
1 Bonnet.	5. 50.	
1 Chapeau bordé en argent.	36. "	
Postillons.		
1 Habit complet.	302. "	
1 Veste et pantalon.	72. "	
1 Bonnet.	5. 50.	478. 50
1 Chapeau bordé en argent.	36. "	
1 Paire de bottes fortes.	63. "	
Delivreur. (Idem en tout au Sellier).	"	363. 50

Détail des Effets revenant à chaque Employé.	Prix.	Totaux.
	f. c.	f. c.
Conducteur de Voitures. 1 Habit complet.	270. "	
1 Veste et pantalon.	72. "	
1 Bonnet.	5. 50.	413. 50.
1 Chapeau bordé en argent.	36. "	
1 Paire de bottes molles.	30. "	
Garçon - Maréchal. 1 Habit complet.	250. "	
1 Veste et pantalon.	72. "	
1 Bonnet.	5. 50.	393. 50.
1 Chapeau bordé en argent.	36. "	
1 Paire de bottes molles.	30. "	

Intérieur.

Détail des Effets revenant à chaque Employé.	Prix.	Totaux.
Portier. 1 Habit complet.	240. "	
1 Chapeau bordé en argent.	36. "	276. "
Garçon - Ouvrier des Toiles. 1 Habit complet.	250. "	
1 Veste et pantalon.	72. "	363. 50.
1 Bonnet.	5. 50.	
1 Chapeau bordé en argent.	36. "	
Garçon de Bureau. 1 Habit complet.	250. "	
1 Veste et pantalon.	72. "	358. "
1 Chapeau bordé en argent.	36. "	

Résultat.

Résultat de l'Habillement de la Livrée,
d'après la Composition de l'Equipage.

Nombre d'Employés à habiller.	Montant.
4 Piqueurs à 753f 11c	3,012f 11c
2 Valets de limiers à cheval à 746. 11	1,492. 11
3 Idem à pied à 623. 11	1,869. 11
4 Valets de chiens à cheval à .... 639. 50.	2,558. 11
1 Premier Valet de chiens à pied.	776. 50.
8 Valets de chiens à pied à .... 347. 50.	2,780. 11
2 Surnuméraires (ensemble).	337. 50.
1 Boulanger.	271. 50.
1 Premier Piqueur.	660. 11
1 Sous-Piqueur.	653. 11
1 Premier Brigadier.	433. 50.
4 Brigadiers à .... 433. 50.	1,734. 11
20 Palefreniers à .... 413. 50.	8,270. 11
4 Surnuméraires (ensemble)	975. 11
1 Sellier.	363. 50.
3 Postillons à .... 478. 50.	1,435. 50.
1 Délivreur de fourrages.	363. 50.
2 Conducteurs de voitures à .... 413. 50.	827. 11
1 Garçon-Maréchal.	393. 50.
4 Portiers à 276. 11	1,104. 11
1 Garçon-Ouvrier des toiles.	363. 50.
1 Garçon de bureau.	358. 11
Total.	31,030. 50.
Le détail ci-dessous contient des Effets d'habillement, confectionnés sur le fonds de 1816, qui sont à délivrer en 1817, montant à	5,915. 50.
Net pour 1817.	25,115. 11

Chenil. — Ecurie. — Intérieur.

Chevaux.

Personnes et Service auxquels les Chevaux sont affectés.	Nombre de Chevaux			
	Allant à la Chasse.	Restant à l'Écurie.	Pour conduire les Relais.	Total.
A M. le Grand-Veneur (pour mémoire).	//	//	//	//
Officiers des Chasses. — Au Commandant de la Vénerie.	4.	1.	2.	7.
Au Lieutenant de la Vénerie.	3.	1.	2.	6.
Au Lieutenant en second.	3.	1.	2.	6.
Aux deux Pages.	5.	1.	2.	8.
Equipage. — Chenil. — 1 Piqueur en chef.	3.	//	1.	4.
Premier Piqueur piquant.	3.	//	1.	4.
2 Piqueurs de Vénerie à 3.	6.	//	2.	8.
2 Valets de limiers à 3.	6.	//	2.	8.
4 Valets de chiens à 1.	4.	//	//	4.
Écurie. — Premier Piqueur des chevaux.	3.	//	//	3.
Sous-Piqueur (monte les jeunes ch.x).	//	//	//	//
Chevaux de Palefreniers pour la conduite des chevaux de rang au rendez-vous de chasse.	//	//	4.	4.
	40.	4.	18.	62.
Chevaux de Voitures. — Au Commandant de la Vénerie (de chaise).			4.	
Au Lieutenant de la Vénerie (idem).			2.	10.
Pour la voiture du cerf.			2.	
Pour le fourgon.			2.	
Chevaux de réserve.				8.
Total.				80.

Chiens.

Désignation des Chiens.	Quantité de chaque espèce.	Totaux.
Equipage du Cerf.		
Limiers.	30.	
Chiens courans.	120.	150.
Equipage à bourailler.		
Limiers.	6.	
Chiens courans.	25.	
Aboyeurs.	2.	50.
Doguen.	7.	
Levriers.	10.	
Total général.		200.

Sellerie.

Désignation des Objets.	Situation des Objets.				Observations.
	neufs.	anciens en état.	vieux à réform.	Total.	
Selles de velours.	//	25.	15.	40.	
—— de veaulaque.	//	42.	16.	58.	
—— de cuir.	//	62.	45.	107.	
Caparaçons en drap bleu, chiffrés en argent.	//	7.	//	7.	
—————— en drap vert.	//	26.	15.	41.	
—————— en cuir.	//	42.	//	42.	
Têtières, boucles d'argent.	//	1.	//	1.	
—— boucles plaquées.	//	45.	//	45.	
—— boucles unies.	//	75.	45.	120.	
Filets, boucles plaquées.	//	20.	//	20.	
—— boucles unies.	//	76.	12.	88.	
Bridons d'or.	//	21.	40.	61.	
Mors divers, compris ceux d'attelage.	//	90.	15.	105.	
Paires de bossettes en arg. attachées aux mors.	//	6.	//	6.	
—————— idem détachées.	//	6.	//	6.	
—————— plaquées.	//	115.	111 1/2.	226 1/2.	
Boucles de martingales en argent.	//	8.	//	8.	
—— de têtières en argent.	//	58.	//	58.	
Passans doubles en argent.	//	38.	//	38.	
—— simples idem.	//	10.	//	10.	

Désignation des Objets.	neufs.	anciens en etat.	vieux à réform.ᵗ	Total.	Observation
Housses de pied à double galon d'or.	//	13.	//	13.	
______ idem à simple galon d'or.	//	22.	26.	48.	
______ unies à galon de soie.	//	22.	6.	28.	
Paires de chaperons à double galon d'or.	4.	9.	//	13.	
Paires de fontes en cuir rouge.	4.	9.	//	13.	
______ en cuir pour carabiniers.	//	4.	//	4.	
Croupelins à simple galon d'or.	//	3.	//	3.	
______ unis à galon de soie.	//	50.	41.	91.	
Porte-crosses brodés en or.	//	4.	//	4.	
______ unis.	//	//	4.	4.	
Cavessons, dont un à plate-longe.	//	59.	//	59.	
Doubles Bridons anglais.	//	2.	//	2.	
Bridons pour la promenade.	//	23.	//	23.	
Licols de cuir.	//	90.	//	90.	
Couvertures de laine.	8.	92.	60.	160.	
______ de coutil.	//	70.	66.	136.	
Camails de laine.	//	19.	10.	29.	
Paire de paniers à gibier doublés en cuir.	//	1.	//	1.	
Harnais complet à 3 chevaux, boucles plaquées.	//	2.	//	2.	
______ à 2 chevaux.	//	3.	3.	6.	
______ à 1 cheval pour cabriolet.	//	1.	//	1.	
______ à 2 chevaux pour surtout.	//	2.	//	2.	

Désignation des Objets.	Situation des Objets.				Observations.
	neufs.	anciens en état.	vieux à réform.ᵉ	Total.	
Etau à main.	//	1.	//	1.	
Alphabet.	//	1.	//	1.	
Enrayures en cuir blanc.	//	2.	//	2.	
________ en cuir noir.	//	1.	//	1.	

5.

Voitures.

Désignation des Voitures et Objets y relatifs.	neufs.	anciens en état.	vieux à réform.[r]	Total.	Observations.
Calèche.	//	1.	//	1.	
Chaises jaunes.	//	2.	1.	3.	
Chaise grise.	//	1.	//	1.	
Chaise verte.	//	//	1.	1.	
Cabriolet.	//	1.	//	1.	
Voitures (dites surtouts).	//	2.	//	2.	
Tonneau à eau monté sur un baquet à deux roues.	//	//	1.	1.	
Clef d'abattage.	//	1.	//	1.	
Clefs ordinaires.	//	5.	//	5.	
Chevrett.	//	1.	1.	2.	
Grand caisson à quatre roues.	//	1.	//	1.	Pour le transport des toiles et panneaux.
Petits caissons à deux roues.	//	2.	//	2.	

Lingerie.

État du Linge qui doit être affecté aux divers Employés.

Désignation des Employés.		Paires de Draps			Observations.
		de 1.re classe.	de 2.e classe.	de 3.e classe.	
Pages.	Premier Page de la Vénerie.	3.	//	//	
	Second Page idem.	3.	//	//	
Employés de l'Administration.	1 Contrôleur des Equipages.	//	3.	//	
	1 1.er Commis du Secrétar.at g.al	//	3.	//	
	1 Second Commis idem.	//	3.	//	
Chenil.	1 Premier Piqueur.	//	3.	//	
	1 Premier Piqueur piquant.	//	3.	//	
	2 Piqueurs de Vénerie.	//	6.	//	
	2 Valets de Limiers à cheval.	//	6.	//	
	3 Valets de Limiers à pied.	//	9.	//	
	4 Valets de Chiens à cheval.	//	12.	//	
	9 Valets de Chiens à pied.	//	//	27.	
	2 Surnuméraires.	//	//	3.	
	1 Boulanger.	//	//	3.	
	À reporter.	6.	48.	33.	

Désignation des Employés.	Paires de Draps			Observations.
	de 1.re classe.	de 2.e classe.	de 3.e classe.	
Report.	6.	48.	33.	
1 Premier Piqueur.	//	3.	//	
1 Sous-Piqueur.	//	3.	//	
1 Premier Brigadier.	//	//	3.	
4 Brigadiers.	//	//	12.	
20 Palefreniers.	//	//	60.	
4 Surnuméraires.	//	//	6.	
1 Sellier.	//	//	3.	
3 Postillons.	//	//	9.	
1 Delivreur de Fourrages..	//	//	3.	
2 Conducteurs de Voitures.	//	//	6.	
1 Garçon-Maréchal.	//	//	3.	
1 Concierge.	//	3.	//	
4 Portiers.	//	//	12.	
1 Garçon-Ouvrier des toiles.	//	//	3.	
1 Garçon de Bureau.	//	//	3.	
1 Lingère.	//	3.	//	
Totaux.	6.	60.	156.	À raison de trois paires par personne.

Écurie. {accolade rows: Premier Piqueur … Garçon-Maréchal}
Intérieur. {accolade rows: Concierge … Lingère}

Pour le Service général de l'Équipage.	Serviettes, 6 douzaines.	72.
	Torchons, 15 douzaines.	180.

Situation de la Lingerie.

Désignation du Linge.	Nombre d'Effets				Observations.
	neufs.	anciens en état.	vieux à réform.[1]	Total.	
Paires de draps de 1.re classe.	4.	3.	2.	9.	
———— de 2.e classe.	13.	48.	7.	68.	
———— de 3.e classe.	4.	140 1/2.	5.	149 1/2.	
Serviettes à liteaux.	//	71.	1.	72.	
Torchons.	//	146.	22.	168.	Il existe en outre 2 malles pour le transp.[t] du linge.

Balance générale du Linge.

	Paires de Draps			Serviettes.	Torchons.	Observations.
	de 1.re classe.	de 2.e classe.	de 3.e classe.			
D'après l'état ci-contre, basé sur le nombre d'Employés, il faudrait.	6.	60.	156.	72.	180.	
La situation de la Lingerie étant de.	9.	68.	149 1/2.	72.	168.	Y compris ce qui est susceptible de réforme.
Manque au complet.	//	//	6 1/2.	//	12.	
Excédant le complet.	3.	8.	//	//	//	

Toiles et Panneaux.

Désignation des Toiles et Panneaux.	Nombre de Pièces				Observations.
	neuves.	ancien.s en état.	vieilles à réform.r	Total.	
Toiles à Cerfs.	12.	2.	//	14.	
Panneaux à Cerfs.	//	41.	4.	45.	Il n'existait que 38 pièces en 1816, mais il en a été fait 7 avec 14 pièces de panneaux à Chevreuils.
— à Daims.	//	4.	//	4.	
— à Chevreuils.	//	10.	//	10.	Sur 24 pièces qui existaient en 1816, 14 ont été employées à faire les panneaux à Cerfs ci-dessus.

Armes.

Désignation des Armes.	Quantité.				Observations.
	neuves.	ancien.s en etat.	vieilles à réform.t	Total.	
Carabines.	//	3.	//	3.	
Couteaux de Chasse.	//	18.	//	18.	

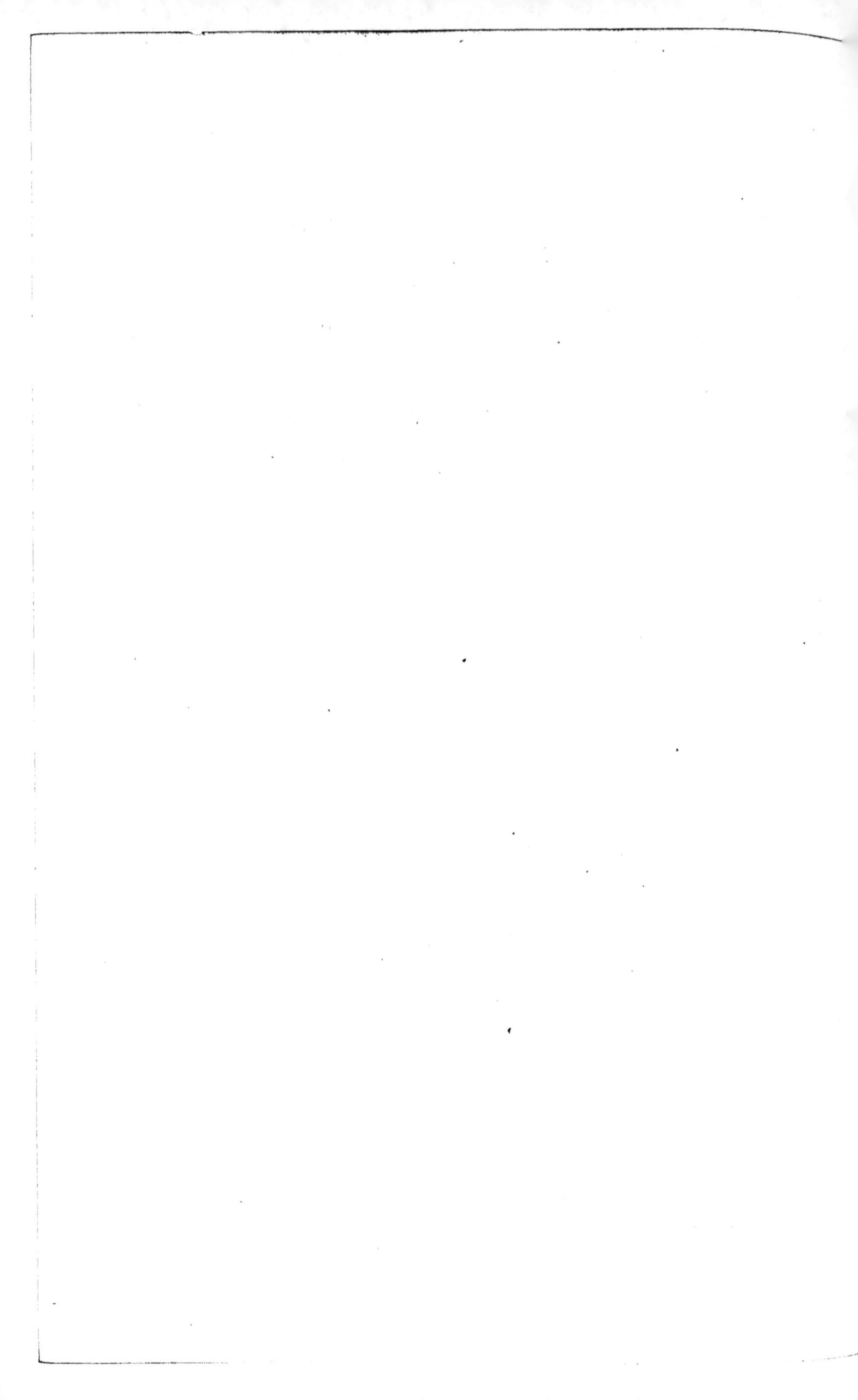

Equipage du Tiré.

6.

Habillement de la Livrée.

Détail des Effets revenant à chaque Employé.	Prix.		Totaux.	
	f.	c.	f.	c.
Aide-Porte-Arquebuse.				
1 Habit complet.	265.	//		
1 Redingote.	90.	//		
1 Chapeau.	36.	//		
1 Paire de bottes molles.	36.	//	597.	//
1 Paire de guêtres.	10.	//		
1 Couteau de chasse.	90.	//		
1 Ceinturon.	70.	//		
Armurier et Ramasseur.				
1 Habit complet galonné en argent.	265.	//		
1 Habit court avec culotte.	90.	//		
1 Bonnet.	5.	50.	406.	50.
1 Chapeau bordé en argent.	36.	//		
1 Paire de guêtres.	10.	//		
Postillon.				
1 Habit complet.	265.	//		
1 Habit court avec culotte.	90.	//		
1 Bonnet.	5.	50.	459.	50.
1 Chapeau.	36.	//		
1 Paire de bottes fortes.	63.	//		

Détail des Effets revenant à chaque Employé.	Prix.	Totaux.
	_f. c._	_f. c._
Palefreniers. — 1 Habit complet.	265. "	
1 Habit court avec culotte.	90. "	
1 Bonnet.	5. 50	429. 50
1 Chapeau.	36. "	
1 Paire de bottes molles.	33. "	
Portier-Concierge. — 1 Habit complet.	265. "	301. "
1 Chapeau.	36. "	

Résultat, d'après la Composition de l'Equipage.

Nombre d'Employés à habiller.		Montant.
1 Aide-Porte-Arquebuse.		597^f "
2 Armuriers à	406^f 50^c	813. "
4 Ramasseurs de gibier à	406. 50	1,626. "
3 Postillons à	459. 50	1,378. 50
3 Palefreniers à	429. 50	1,265. 50
1 Portier-Concierge.		301. "
Total.		5,981. "
Le détail ci-dessus contient des Effets d'habillement, confectionnés sur le fonds de 1816, qui sont à délivrer en 1817, montant à		789. "
Net pour 1817.		5,192. "

Chevaux.

Personnes et Service auxquels les Chevaux sont affectés.		Nombre.
Au Commandant des Chasses à Tir.	Chevaux { de selle ... 2. / de chaise .. 3. }	5.
Au Porte-Arquebuse.	Chevaux { de selle ... 3. / de chaise .. 3. }	6.
Pour la voiture d'armes.		4.
	Total.	15.

Chiens.

Numéros.	Noms.	Observations.
1.	Diamant.	
2.	Lindor.	
3.	Diane.	
4.	Brillant.	

Sellerie.

Désignation des Objets.	Situation des Objets				Observations.
	neufs.	anciens en état.	vieux à réform.	Total.	
Selles de velours.	//	5.	3.	8.	
—— de veaulaque.	//	1.	2.	3.	
—— de cuir.	//	1.	1.	2.	
Housses à simple galon d'or.	//	5.	2.	7.	De six qui existaient en 1816, il en a été perdu un.
Bridons d'or.	//	4.	1.	5.	
Caparaçons en drap bleu.	//	3.	//	3.	
—— en drap vert.	//	2.	2.	4.	
Brides plaquées.	//	7.	3.	10.	Trois sont à bossettes d'argent.
Bridons anglais.	//	2.	//	2.	
Housses unies.	//	//	4.	4.	
Coussinets à flanc.	//	1.	//	1.	
Cavessons.	//	3.	1.	4.	
Porte-crosses.	//	5.	2.	7.	
Couvertures de laine.	//	8.	4.	12.	De 12 qui existaient en 1816, 2 ont été employées à réparer les autres.
—— de toile.	//	6.	4.	10.	
Licols de cuir.	//	9.	3.	12.	
Paires de harnais de chaises à trois chevaux.	1.	2.	//	2.	
—— à 3 ch.^x pour la voit.^{re} d'armes	//	2.	//	3.	
Harnais de devant à un cheval.	//	1.	//	1.	

Désignation des Objets.	Situation des Objets.				Observations
	neufs.	anciens en état.	vieux à réform.ᵗ	Total.	
Vieux harnais à un cheval.	//	//	1.	1.	
Paires de guides simples.	//	3.	//	3.	
Palonniers.	//	4.	//	4.	
Clef anglaise.	//	1.	//	1.	
Cric pour les voitures.	//	1.	//	1.	
Chèvre.	//	1.	//	1.	
Vache de chaise.	//	1.	//	1.	
——— pour les voitures d'armes.	//	2.	//	2.	
Grand panier à gibier, couvert.	//	1.	//	1.	

Voitures.

Désignation des Voitures.	Situation.				Observations.
	neuves.	anciens en etat.	vieilles à réform.¹	Total.	
Voitures d'armes. ————	//	2.	//	2.	
Chaises. ————	//	2.	//	2.	
Chaise avec avant-train. ————	//	1.	//	1.	
Cabriolet. ————	//	1.	//	1.	
Fourgon. ————	//	1.	//	1.	

Lingerie.

État du Linge qui doit être affecté aux divers Employés.

Désignation des Employés.	Paires de Draps de			Observations.
	1.re classe.	2.e classe.	3.e classe.	
1 Aide-Porte-Arquebuse.	3.	//	//	
1 Premier Armurier.	//	3.	//	
1 Garçon-Armurier.	//	//	3.	
4 Ramasseurs de gibier.	//	//	12.	
3 Postillons.	//	//	9.	
2 Palefreniers.	//	//	6.	
1 Surnuméraire.	//	//	3.	
1 Portier-Concierge.	//	//	3.	
Totaux.	3.	3.	36.	À raison de trois paires par personne.

Pour le Service général de l'Équipage. —

- Serviettes à liteaux de 1.re classe. 72.
- ———— de 2.e classe. 72.
- Tabliers de service de 1.re classe. 24.
- ———— de 2.e classe. 48.
- Torchons. ———— 120.

Situation de la Lingerie.

Désignation du Linge.	Nombre d'Effets				Observations.
	neufs.	anciens en état.	vieux à réform.ᵗ	Total.	
Paires de draps de 1.ʳᵉ classe.	2.	1.	3.	6.	
de 2.ᵉ classe.	//	12.	//	12.	
de 3.ᵉ classe.	//	50.	10.	60.	
Serviettes à liteaux de 1.ʳᵉ classe.	24.	48.	24.	96.	
de 2.ᵉ classe.	24.	70.	40.	134.	
Tabliers de service.	//	15.	5.	20.	
jaunes.	24.	36.	24.	84.	
Torchons.	36.	90.	30.	156.	

Balance générale du Linge.

	Paires de draps de			Serviettes de		Tabliers		Torchons.	Observations.
	1.ʳᵉ classe	2.ᵉ classe	3.ᵉ classe	1.ʳᵉ classe	2.ᵉ classe	de service	jaunes.		
D'après l'état du linge qui doit être affecté au serv.ᵉ de l'éq.ᵉ, il faudrait.	3.	3.	36.	72.	72.	24.	48.	120.	Y compris ce qui est susceptible de réforme.
La situation de la Lingerie étant de.	6.	12.	60.	96.	134.	20.	84.	156.	
Manque au complet.	//	//	//	//	//	4.	//	//	
Excédant le complet.	3.	9.	24.	24.	62.	//	36.	36.	

Panneaux.

Désignation des Panneaux.	Nombre de Pièces				Observations.
	neuves.	ancien. en état.	vieilles à réform.ᵉ	Total.	
Panneaux à Lièvres et Lapins.	6.	8.	‖	14.	

Armes.

Désignation des Armes et Ustensiles de la Salle d'Armes.	Quantité.				Observations.
	neuves.	anciennes en état.	vieilles à réform.ᵗ	Total.	
Fusils doubles garnis en argent.	5.	//	//	5.	
—— simples idem.	21.	21.	//	42.	
—— double, tournant en argent.	//	1.	//	1.	
—— idem en acier.	//	3.	//	3.	
—— simple riche, en acier.	//	1.	//	1.	
—— de femme, en argent.	//	2.	//	2.	
—— doubles, en acier.	//	3.	//	3.	
Carabines allemandes.	//	2.	//	2.	
Lances à sangliers.	//	6.	//	6.	
Etuis en cuir.	//	14.	//	14.	
—— en serge.	//	50.	//	50.	
Baguettes de fer.	//	5.	//	5.	
—— de baleine.	//	6.	//	6.	
Etabli.	//	1.	//	1.	
Etau.	//	1.	//	1.	
—— à main.	//	1.	//	1.	
Cuillers à fondre.	//	2.	//	2.	
Moules à balle.	//	16.	//	16.	
Monte-ressort.	//	3.	//	3.	
Pince-goupille.	//	3.	//	3.	
Clef à bascule.	//	1.	//	1.	
Poêle en faïence.	//	1.	//	1.	

Ostensiles de Chasse.

Désignation des Ostensiles.	neufs.	anciens en état.	vieux à réform.ᵗ	Total.	Observations
Fournimens en argent.	//	3.	//	3.	
Petits fournimens en argent.	//	2.	//	2.	
Coffret à plomb en argent.	//	1.	//	1.	
Fournimens en cuivre.	//	11.	3.	14.	
Coffrets à plomb en cuivre.	//	3.	//	3.	
Petite gibecière en argent.	//	1.	//	1.	
Gibecières en cuiv.	//	12.	//	12.	
Sacs à bourres.	//	2.	//	2.	
Porte-manteaux en cuiv.	//	2.	//	2.	
Paire de saccoches.	//	1.	//	1.	
Carniers.	//	1.	2.	3.	
Mesures à plomb.	//	8.	//	8.	
Epinglettes.	//	12.	//	12.	

Ustensiles de Pêche.

Désignation des Ustensiles.	Quantité.				Observations.
	neufx.	anciens en état.	vieux à réform.r	Total.	
Seine de 103 pieds.	//	1.	//	1.	
Hamail.	//	1.	//	1.	
Epervier de 450 mailles.	//	1.	//	1.	
Trubles.	//	4.	//	4.	
Sachets à poisson.	//	7.	//	7.	
Cannes de pêche fines.	//	10.	//	10.	
Cannes communes.	//	6.	//	6.	
Etuis garnis de lignes.	//	3.	//	3.	
Boîtes à vers en fer blanc.	//	4.	//	4.	
Boîte contenant les ustensiles.	//	1.	//	1.	

# État

des Bois, Forêts, Terres et Fermes

appartenant

au Domaine de la Couronne.

8.

Conservation de Paris.

Bois et Forêts.

Désignation des Bois ou Forêts.	Contenance.	Total.
	h. a.	
Boulogne.	753. 56.	
Vincennes.	957. 28.	h. a.
Senart.	2,422. 14.	6,093. 98.
Bondy.	1,708. ‖	

Conservation de Versailles.

Bois et Forêts.

Désignation des Bois ou Forêts.	Contenance.	Total.
	h.	
Petit parc.	440.	
Grand parc.	675.	
Les Gonards, Mays et Pont-Colbert.	593.	
Fausse Repose.	627.	
Clos Butard.	31.	
Bois de Voisin.	50.	h.
Bois des Clayes.	38.	4,735.
L'Homme-mort.	64.	
Meudon, petit parc.	100.	
Meudon, grand parc.	919.	
Clos de Chalais.	30.	
Buisson de Verrières.	568.	
Garennes de Sèvres.	100.	
Saint-Cloud.	500.	

Suite de la Conservation de Versailles.

Terres et Parcs.

Noms et Nature des Domaines.	Contenance.		
	h.	a.	c.
Étangs et rigoles.	1,023.	69.	36.
Terres et prés épars.	20.	21.	//
Pépinière du Mail.	7.	21.	//
Bâtimens loués.	//	26.	//
Clos des étangs Gobert.	6.	49.	93.
Jardins . . { de Versailles.	75.	97.	49.
du grand Trianon.	33.	76.	66.
du petit Trianon.	10.	09.	79.
de Saint-Cloud.	634.	12.	40.
de Meudon.	100.	//	//
Barraques.	//	42.	//
Fermes . . { de Gally.	359.	33.	98.
de la ménagerie et de la faisanderie.	248.	17.	45.
Grange Damerose.	88.	47.	50.
Fermes . . { de Satory.	102.	10.	75.
du Désert.	22.	82.	//
du Bois-Robert et de l'Essart.	130.	34.	62.
Domaine de Chevreloup.	16.	61.	10.
Terrains et bâtimens épars.	116.	73.	77.

Conservation de Saint=Germain.

Bois et Forêts.

Désignation des Bois ou Forêts.	Contenance.	Total.
	h. a.	
Saint - Germain.	4,251. 74.	
Marly.	1,943. 31.	h. a.
Vésinet.	501. 82.	6,736. 87.
Louveciennes.	40. ‖	

Terres et Fermes.

Noms et Nature des Domaines.		Contenance.
		h. a. c.
Fermes.. { du Trou d'Enfer.		230. 53. 26.
de la Garenne.		280. 43. 14.
Terres et prés épars.		57. 73. 76.

Conservation de Rambouillet.

Bois et Forêts.

Désignation des Bois ou Forêts.	Contenance.	Total.
	h. a.	
Grand parc.	294. //	
Petit parc.	225. //	h. a.
Forêt de Rambouillet.	6,244. //	12,595. //
Forêt de Saint-Léger.	4,785. //	
Bois réunis.	582. //	
Bois non aménagés.	465. //	

Terres et Parcs.

Noms et Nature des Domaines.	Contenance.		
	h. a. c.		
Fermes de la Hogue et du parc d'Euham.	145. // //		
Grand parc.	684. // //		
Terres et prés épars.	83. 10 //		
Parterre, quinconce et pièce d'eau.	11. // //		
Jardin anglais.	24. // //		
Bruyères de Saint-Léger.	276. // //		

Conservation de Fontainebleau.

Bois et Forêts.

Désignation des Bois ou Forêts.	Contenance.	Total.
	h. a.	
Forêt de Fontainebleau.	16,502. 98.	
Parquet du Roi.	136. //	
Parquet d'Avon.	20. //	
La Faisanderie.	5. //	
Bois { de Champagne.	508. 86.	h. a.
de Barbeau.	374. 10.	19,540. 57.
de Saint-Germain-Laval.	430. 35.	
d'Echon.	218. 15.	
Forêt de Villefermoy.	1,345. 13.	

Terres et Parcs.

Noms et Nature des Domaines.	Contenance.
	h. a. c.
Les jardins.	51. 67. 62.
Le grand parc.	56. 02. //
Clos du bois.	3. 50. //

Conservation de Compiègne.

Bois et Forêts.

Désignation des Bois ou Forêts.	Contenance.		Total.	
	h.	a.	h.	a.
Forêt de Compiègne.	14,030.	10.		
Bois { Fertin.	22.	20.		
de la Chenaye.	13.	90.	14,363.	55.
de Neuffontaine.	7.	35.		
des Bous-hommes.	91.	//		
de Saint-Crépin.	75.	//		
de Sainte-Croix.	124.	//		

Terres et Parcs.

Noms et Nature des Domaines.	Contenance.		
	h.	a.	c.
Parc de Compiègne.	87.	84.	//
Palais, chancellerie et écurie.	25.	19.	//
Terres et prés épars.	11.	67.	//

Agens supérieurs

et

Gardes des Forêts et Chasses

des Conservations du Roi.

Conservation de Paris.

Noms.	Grades.	Résidences.	Observations.
M. Mabille.	Insp. gén.ᵃˡ Adj.ᵗ	La Muette.	Chargé de la conservation.
M. Saint-Projet.	Inspecteur.	Paris.	
M. Legros S.ᵗ Ange.	Élève forestier.	La Muette.	

Bois de Boulogne.

Noms.	Grades.	Résidences.	Observations.
Loizeau.	Garde général.	Boulogne.	
Moithe.	Garde à cheval.	La Muette.	
Durieu.	Garde à pied.	Porte de Longchamps.	
Baché.	Idem.	Idem des Princes.	
Le Mazurier.	Idem.	Idem Maillot.	
Gaignerez.	Idem.	La Muette.	
Fauriez.	Garde-Portier.	Porte d'Auteuil.	
Caillet.	Idem.	Idem des Princes.	
Daret.	Idem.	Idem de Boulogne.	
Pauly.	Idem.	Idem de Longchamps.	
Dametz.	Idem.	Idem de Passy.	
Gillet.	Idem.	Idem Maillot.	
Sobin.	Idem.	Idem de Neuilly.	
Goret.	Garçon-Garde.	La Muette.	

Noms.	Grades.	Résidences.	Observations.

Bois de Vincennes.

Noms.	Grades.	Résidences.
Ardilles.	Garde général.	Saint-Maur.
Stelle.	Garde à cheval.	Saint-Mandé.
Gaignerez.	Garde à pied.	Porte de Charenton.
Ambelouis.	Idem.	Idem de Fontenay.
David.	Idem.	Idem du Bel-Air.
Dadole.	Garde-Portier.	Idem.
Morizet.	Idem.	Idem de la Tourelle.
Morel.	Idem.	Idem de Nogent.
Besançon.	Idem.	Idem de Saint-Maur.
Morizan.	Idem.	Idem de Saint-Mandé.
Drogland.	Idem.	Idem de Vincennes.
Fouquet.	Idem.	Idem de Charenton.
Chevrau.	Garde-faisandier.	La Double-porte.
Ambelouis.	Garde-Portier.	Porte de Fontenay.
Blondeau.	Garçon-Garde.	
Chevrau fils.	Idem.	La Double-porte.

Forêt de Bondi.

Noms.	Grades.	Résidences.
Féral.	Garde général.	Livry.
Thomas.	Garde à cheval.	Idem.
Vinante.	Garde à pied.	Coubron.
Varé.	Idem.	Vert-galant.

Noms.	Grades.	Résidences.	Observations.
Lechallier.	Garde à pied.	Clichy.	
Saguez.	Idem.	Boudy.	
Jouvin.	Idem.	Vilette aux aunes.	
Gaignerez.	Idem.	Sevran.	
Houpeaux.	Idem.	Montfermeil.	

Forêt de Senart.

Noms.	Grades.	Résidences.	Observations.
Picoreau.	Garde général.	Soisy sous Etioles.	
David.	Garde à cheval.	Idem.	
Molliec.	Garde à pied.	Montgeron.	
Louvel.	Idem.	Mainville.	
Boussin.	Idem.	Soisy sous Etioles.	
Guyard.	Idem.	Tigery.	
Deshayes.	Idem.	Quincy.	
Huguet.	Idem.	Les Bosserous.	
Guillemet.	Idem.	La Faisanderie.	
David fils.	Garçon-Garde.	Soisy sous Etioles.	
Louis (Martin).	Idem.	Etioles.	
Harvier (Roch).	Idem.	Paris.	
Choquiez.	Idem.	Idem.	

Conservation de Versailles.

Noms.	Grades.	Résidences.	Observations.
M. d'Hcuincthun. —	Conservateur.	Versailles.	
M. De Bois-d'Hyver.	Inspecteur.	Idem.	

Grand et Petit Parcs.

Noms.	Grades.	Résidences.	Observations.
Aubé. —	Garde général.	Le Désert.	
Boutard. —	Garde à cheval.	L'Hermitage.	
Lemayre. —	Idem.	Grille de l'Orangerie.	
Bence (S.ᵗ-Denis).	Garde à pied.	Clos Robert.	
Bergeret. —	Idem.	Pont Colbert.	
Bénerez. —	Idem.	Porte de Jouy.	
Boutard. —	Idem.	Idem Bailly.	
Châtenay. —	Idem.	Laminière.	
Chauvel. —	Idem.	Grille Satory.	
Chevalier. —	Idem.	Buc.	
Dandely. —	Idem.	Au Désert.	
Dumont fils. —	Idem.	Bouviers.	
Lemayre (Jean-Louis).	Idem.	La Faisanderie.	
Loeul. —	Idem.	Les Mays.	
Ménage. —	Idem.	Le Val-Joyeux.	
Gagny. —	Idem.	Cerf-volant.	

Noms.	Grades.	Résidences.	Observations.
Guilliau.	Garde à pied.	La Ménagerie.	
Happe.	Idem.	Gally.	
Le Comte.	Idem.	Grille Saint-Cyr.	
Le Comte fils.	Idem.	Bois d'Arcy.	
Aloix.	Garde-Portier.	Porte de la Minière.	
Blot.	Idem.	Grille du boulevard du Roi.	
Bouviers.	Idem.	Idem de l'Orangerie.	
Daffton.	Idem.	Idem Saint-Antoine.	
Dégardin.	Idem.	Avenue de Saint-Cloud.	
Godefroy.	Idem.	Petit Montreuil.	
Joyeux.	Idem.	Porte de Puits-à-Loup.	
Laurent.	Idem.	Idem du Bois-Robert.	
Lécouflé.	Idem.	Grille Saint-Cyr.	
Meunier.	Idem.	Idem de Satory.	
Rivierre.	Idem.	Idem.	
Sire.	Idem.	Idem du boulevard du Roi.	
Schryen.	Idem.	Idem Idem de la Reine.	

Bois de Fausse = Repose.

Noms.	Grades.	Résidences.	Observations.
Grou.	Garde à cheval.	Versailles.	
Cide fils.	Garde à pied.	Marnes.	
Contesenne.	Idem.	Chaville.	
Dauverné.	Idem.	Ville-d'Avray.	
Legrand.	Idem.	Roquencourt.	

Noms.	Grades.	Résidences.	Observations.
Richio.	Garde à pied.	Grille du boulevard de la Reine	

Pavillon du Butard.

Le Bourdais.	Concierge.	Pavillon du Butard.	

Parc de Saint=Cloud.

Dechartongue.	Garde à cheval.	La Porte Jaune.	
Ménard.	Garde à pied.	Porte de Ville-d'Avray.	
Mesognon.	Idem.	Pavillon de Bressan.	
Pouty.	Idem.	Porte de Marnes.	
Bara.	Idem.	Idem de Villeneuve.	

Bois de Meudon.

Vallerant.	Garde général.	Meudon.	
Digard.	Garde à cheval.	Villebon.	
Breton fils aîné.	Garde à pied.	Maison Galardon à Sèvres.	
Férer.	Idem.	Porte Châtillon.	
Lebeau.	Idem.	Idem Vélisy.	
Lécouflé (Joseph).	Idem.	Idem de Clamard.	
Lécoufle (Louis-Joseph).	Idem.	Idem de Chaville.	
Lermeroux(Jean-Gerv).	Idem.	Idem de Verrières.	
Lermeroux (Pierre).	Idem.	Idem Dauphine.	
Levanneuo.	Idem.	Idem de Trivaux.	
Valleram (Nicolas).	Idem.	Idem Verte ou Royale.	

Noms.	Grades.	Résidences.	Observations.
Breton (Jean).	Garde-Portier.	Pavillon de Meudon.	
Flocard.	Idem.	Grille du Bélair.	
Garcin.	Idem.	Porte de Fleury.	

Bois de Verrières et Prieuré de Jardy.

Noms.	Grades.	Résidences.	Observations.
Delcey.	Garde à pied.	Pavillon de Malabry.	
Delâtre.	Idem.	Bièvres.	
Hanneteau.	Idem.	Pavillon de Malabry.	
Huard.	Idem.	Verrières.	

Noms.	Grades.	Résidences.	Observations.
Chauvel.	Garçon-Garde.	Garenne de Satory.	
Dandely.	Idem.	Au Désert.	
Gobillard.	Idem.	Versailles.	
Lécouflé.	Idem.	Porte Saint-Cyr.	
Lepeltier.	Idem.	Porte Bailly.	

Conservation de Saint-Germain.

Noms.	Grades.	Résidences.	Observations.
M. Bonhomme.	Conservateur.	Saint-Germain.	
M. Bouchard.	Inspecteur.	Idem.	

Forêt de Saint-Germain.

Noms.	Grades.	Résidences.	Observations.
Lepeltier.	Garde général.	Porte de Poissy.	
Ade.	Garde à cheval.	La Muette.	
Valleram.	Idem.	Saint-Germain.	
Ade (Louis).	Garde à pied.	Porte de Maisons.	
Baudry.	Idem.	Idem Frémainville.	
Crétemoux.	Idem.	Idem Chambourcy.	
Delàtre.	Idem.	Idem de Conflans.	
Dieudonné fils.	Idem.	Côte de Poissy.	
Dubois père.	Idem.	Porte de Garenne.	
Dubois fils.	Idem.	Porte du Mesnil.	
Dumoux.	Idem.	Mag. à la porte Frémainville	
Foy.	Idem.	P.te des Pétrons de Maisons.	
Huard.	Idem.	Porte d'Hennemou.	
Lasalle.	Idem.	Croix Saint-Simon.	
Mouredon.	Idem.	Porte d'Achères.	

Noms.	Grades.	Résidences.	Observations.
Pélisson.	Garde à pied.	Porte Buisson-Richard.	
Profu.	Idem.	Idem de Carrière.	
Rouzé.	Garde-Faisandier.	Faisanderie de Vignolles.	
Chevalier.	Garde-Portier.	Grille du Parterre.	
Ade fils.	Idem.	Idem Royale.	
Hurtrel.	Idem.	Idem de Pontoise.	
Le Comte (Pierre).	Idem.	Idem de Poissy à Poissy.	
Renard.	Idem.	Porte Dauphine.	
Suau.	Idem.	Grille de Poissy à S. Germain.	

Forêt de Marly.

Noms.	Grades.	Résidences.	Observations.
Boutard.	Garde général.	Volusseaux.	
Lechallier.	Garde à cheval.	Porte de l'Étang.	
Boutard (Guillaume).	Garde à pied.	Idem Bailly.	
Carette.	Idem.	Idem du Pont-tournant.	
Lacroix.	Idem.	Idem de Fourqueux.	
Le Comte.	Idem.	Pavillon de la Lanterne.	
Legrand (Louis).	Idem.	Pont-tournant.	
Legrand (Germain).	Idem.	Porte Saint-James.	
Maillot.	Idem.	Idem Dauphine.	
Boutard (Noël).	Idem.	Idem de la Tuilerie.	
Chillier-Duchâtel.	Idem.	Idem de la Bretèche.	
Deblaize.	Idem.	Idem Marly.	
Frioux.	Idem.	Idem Saint-James.	

Noms.	Grades.	Résidences.	Observations.
Langon.	Garde à pied.	Grille de Maintenon.	
Le Comte (Charles).	Idem.	Porte de Roquencourt.	
Marle.	Idem.	Idem de Noisy.	
Pichon.	Idem.	Idem de Fourqueux.	

Parc de Marly.

Noms.	Grades.	Résidences.	Observations.
Pouteau.	Garde-Portier.	Porte de Marly.	
Villeminot.	Idem.	Grille Royale.	

Forêt du Vésinet.

Noms.	Grades.	Résidences.	Observations.
Châtenai.	Garde à cheval.	Au Pecq.	
Fradin.	Garde à pied.	Idem.	
Rolon.	Idem.	Pavillon de la Forêt.	
Lecat.	Garçon-Garde.	Saint-Germain.	
Lacroix fils.	Idem.	Idem.	
Châtenay fils.	Idem.	Idem.	

Conservation de Rambouillet.

Noms.	Grades.	Résidences.	Observations.
M. De Tallobre.	Conservateur.	Rambouillet.	
M. Bourdon.	Inspecteur.	Idem.	

Forêt de Rambouillet.

Noms.	Grades.	Résidences.	Observations.
Serracin.	Garde général.	Rambouillet.	
Fallou.	Garde à cheval.	Idem.	
Angibout.	Garde à pied.	Petit Parc.	
Butemps.	Idem.	Grand Parc.	
Caron.	Idem.	Idem.	
Grésy.	Idem.	Les Rabières.	
Huard (Jean).	Idem.	Gazeran.	
Lefébure.	Idem.	Vilpert.	
Tixier.	Idem.	Gazeran.	
Vaillant.	Idem.	La Pommeraie.	
Huard (Michel).	Idem.	Rambouillet.	
Huard fils.	Garçon-Garde.	Grand Parc.	

Forêt de Saint-Léger.

Noms.	Grades.	Résidences.	Observations.
Boutard.	Garde général.	Saint-Léger.	

Noms.	Grades.	Résidences.	Observations.
Chabault.	Garde à cheval.	Saint-Léger.	
Barbier.	Garde à pied.	L'Epars.	
Bazile.	Idem.	Vilpert.	
Boivin.	Idem.	La Charmoie.	
Breton.	Idem.	L'Etang-Neuf.	
Brun.	Idem.	Les Plainvaux.	
Crété.	Idem.	La Mare-Ronde.	
Egasse.	Idem.	Les Grandes ventes d'Epernon.	
Guilbert.	Idem.	La Longue-Mare.	
Huet.	Idem.	La Mare-Gentille.	
Lescotel.	Idem.	L'Etang-neuf.	
Morize.	Idem.	Les Grandes ventes d'Epernon.	
Masse.	Idem.	La Longue-Mare.	
Parel.	Idem.	L'Epars.	
Privé.	Idem.	La Cerqueuse.	
Tirler (Eloi).	Idem.	La Longue-Mare.	
Tirler (Jacques).	Idem.	Les Grandes ventes d'Epernon.	
Tirlet (Alexis-Joseph).	Idem.	Pecqueuse.	
Guilbert fils.	Garçon-Garde.	Saint-Léger.	

Forêt des Ivelines.

Noms.	Grades.	Résidences.	Observations.
Bara.	Garde général.	Rambouillet.	
Dumont.	Garde à cheval.	Souchamp.	

Noms.	Grades.	Résidences.	Observations.
Augibour.	Garde à pied.	Souchamp.	
Desprez.	Idem.	Idem.	
Fournier.	Idem.	Les Maréchaux.	
Guitel.	Idem.	Les Vaux de Cernay.	
Lefebure (Antoine).	Idem.	Les Maréchaux.	
Leblanc.	Idem.	Forêt Verte.	
Laber.	Idem.	Batonceau.	
Pétigny.	Idem.	Poyers-Orphin.	
Pichard.	Idem.	Les Sangliers.	
Tirlet aîné (Alexis).	Idem.	La Ville-Neuve.	
Vallerand.	Idem.	Idem.	
Chard.	Garçon-Garde.	La Faisanderie.	

Conservation de Fontainebleau.

Noms.	Grades.	Résidences.	Observations.
M. Larminat.	Conservateur.	Fontainebleau.	
M. Chartongue.	Inspecteur.	Idem.	

Forêt de Fontainebleau.

~~~~~~~~~~~~

Noms.	Grades.	Résidences.	Observations.
Daâge.	Garde général.	Fontainebleau.	
Dubois.	Idem.	Idem.	
Fleurer.	Garde à cheval.	Idem.	
Chainon.	Idem.	Idem.	
Lez.	Idem.	Idem.	
Marchand.	Idem.	Idem.	
Lelièvre.	Garde-Faisandier.	La Faisanderie.	
Hutte (Louis-Philippe).	Garde à pied.	Parquer du Roi.	
Jorel (Crépin).	Idem.	Parquer d'Avon.	
Charlot.	Idem.	Fontainebleau.	
Hutte (Jean-Louis).	Idem.	Idem.	
Bruner.	Idem.	Idem.	
Laigle.	Idem.	Idem.	
Lamotte.	Idem.	Idem.	
Naudin père.	Idem.	Aux Sablons.	
~~~~~~~~~~~~

Noms.	Grades.	Résidences.	Observations.
Scapre.	Garde à pied.	Grosbois.	
Mourredon.	Idem.	Montigny.	
Barbier l'aîné.	Idem.	Bouron.	
Naudin fils.	Idem.	Recloses.	
Renard.	Idem.	Ury.	
Barbier père.	Idem.	Achères.	
Binet.	Idem.	Franchart.	
Hubert.	Idem.	Barbison.	
Barbier cadet.	Idem.	Macherin.	
Charpentier.	Idem.	Chailly.	
Perot.	Idem.	Brosles.	
Collin.	Idem.	Dame-Marie.	
Coudart.	Idem.	La Rochette.	
Dumée.	Idem.	Bois-le-Roi.	
Cavillon.	Idem.	Courebuisson.	
Jorel cadet.	Idem.	Samois.	
Deszesrable.	Idem.	Basses-Loges.	
Fortel.	Idem.	Marlotte.	
Nicolas.	Idem.	Fay.	
Masson.	Idem.	Chantoiseau.	
Caron.	Idem.	Melun.	
Cavillon fils.	Garçon-Garde.	Courebuisson.	
Lelièvre fils.	Idem.	La Faisanderie.	
Mourredon fils.	Idem.	Franchart.	

Noms.	Grades.	Résidences.	Observations.
Marthe fils.	Garçon-Garde.	Fontainebleau.	
Hubert fils.	Idem.	Barbizon.	

Bois Réunis.

Noms.	Grades.	Résidences.	Observations.
Levasseur.	Garde général.	Valence.	
Jacquot.	Garde à cheval.	Idem.	
Guillemer.	Garde à pied.	Ecrennes.	
Leroy.	Idem.	Montils.	
Boïel-Dieu.	Idem.	La Chapelle-Gautier.	
Fortel.	Idem.	La Commune.	
Dinney.	Idem.	Saint-Germain-Laval.	
Valteau.	Idem.	Champagne.	
Vaillant.	Idem.	Samoreau.	
Samson	Idem.	Barbeau.	

Conservation de Compiègne.

Noms.	Grades.	Résidences.	Observations.
M. Hyde de Neuville.	Conservateur.	Compiègne.	
M. de Calabre.	Inspecteur.	Sainte-Périne.	
M. Carbon.	Inspect.ʳ honoraire.	Compiègne.	
M. de Frézala.	Inspecteur adjoint.	Idem.	

Forêt de Compiègne.

Noms.	Grades.	Résidences.	Observations.
Delonglay.	Garde général.	Compiègne.	
Pouy.	Idem.	La Brévière.	
Poirson.	Garde à cheval.	Sainte-Périne.	
Peyry-Grammont.	Idem.	Compiègne.	
Ducorpe.	Idem.	Pierfonda.	
Le Comte.	Idem.	Compiègne.	
Féret (Jean-Baptiste).	Garde à pied.	Idem.	
Cochemer.	Idem.	La Forte-Haie.	
Godeboeuf.	Idem.	Croix du Saint-Signe.	
Sollin père.	Idem.	Vineux.	
Recopé.	Idem.	Pont de Berne.	
Demarque.	Idem.	Saint-Sauveur.	
Connetable (Jean).	Idem.	Port de Lacroix.	
Geoffroy.	Idem.	Lacroix.	

Noms.	Grades.	Résidences.	Observations.
Duvivier.	Garde à pied.	Lacroix.	
Michaux.	Idem.	Vivier-Corax.	
Darras (François).	Idem.	Le Vivier.	
Daussy.	Idem.	Royallieu.	
Darras (Jean).	Idem.	La Faisanderie.	
Sollin fils.	Idem.	Idem.	
Bombart (Antoine).	Idem.	Vieux-Moulin.	
Caron.	Idem.	Béthisy.	
Connétable (Jean-M.ᵉ)	Idem.	Pierfonds.	
Loret.	Idem.	Fous d'Enham.	
Beaulieu.	Idem.	Vaudrempont.	
Davoine.	Idem.	Malassise.	
Connétable (Antoine).	Idem.	La Muette.	
Masson.	Idem.	Saint-Martin.	
Mellene.	Idem.	Béthisy.	
Fillon.	Idem.	Vieux-Moulin.	
Labbé.	Idem.	Landeblin.	
Lefèvre.	Idem.	La Muette.	
Sivé.	Idem.	La Brévière.	
Connétable (Henri).	Idem.	La Maison-Bleue.	
Tourneux.	Idem.	Sainte-Périne.	
Connétable (Pierre).	Idem.	Clavières.	
Garet.	Idem.	Saint-Crépin.	
Duval.	Idem.	Francport.	

Noms.	Grades.	Résidences.	Observations.
Cardon (Charlemagne).	Garçon-Garde.	Compiègne.	
Connétable (Gabriel).	Idem.	La Muette.	
Récopé. ————	Idem.	Pom. de Berne.	
Férer. ————	Idem.	Compiègne.	

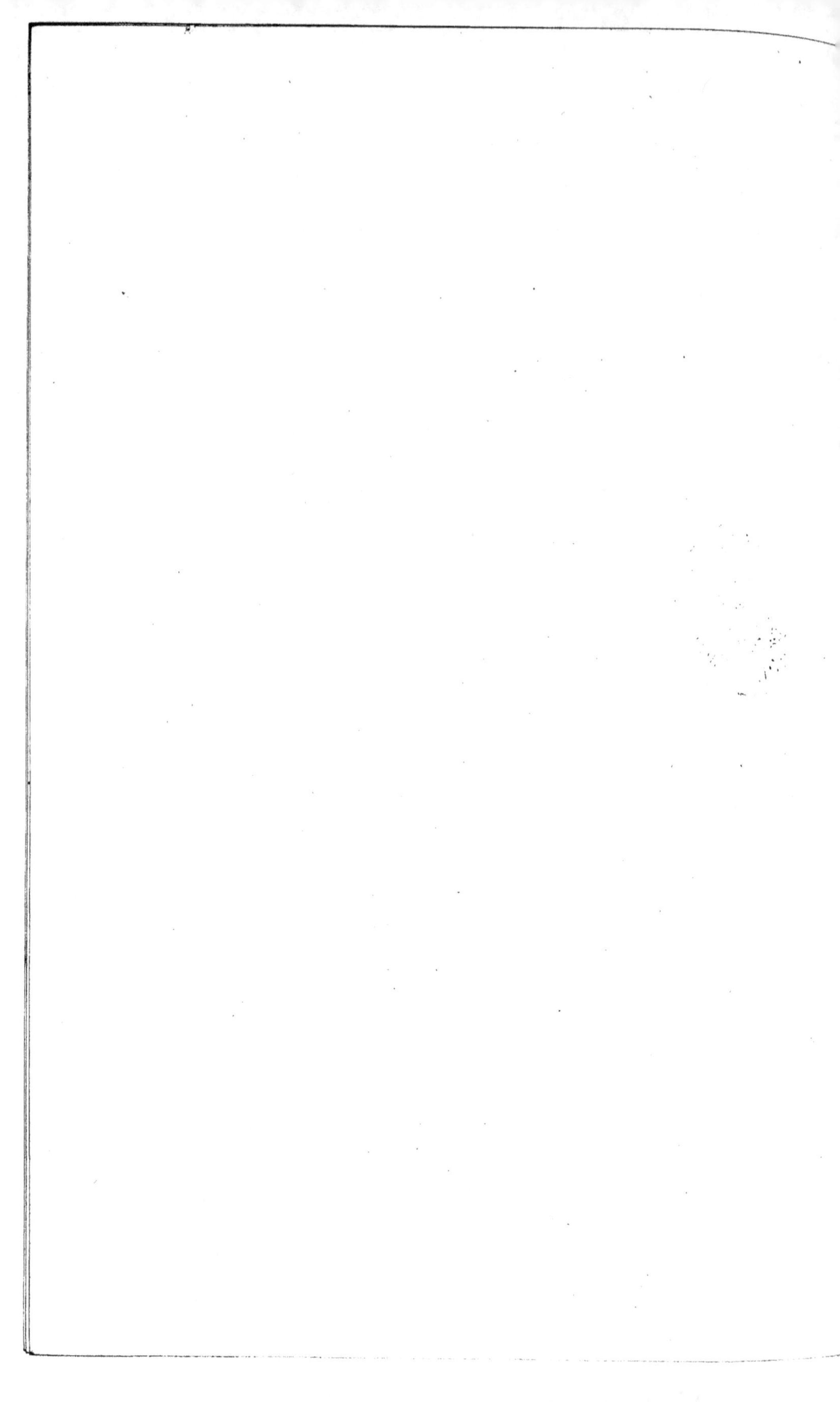

Etat du Fauve

existant

dans les Forêts de la Couronne.

12.

Conservation de Paris.

Bois et Forêts.	Espèces d'Animaux.		Totaux.
Bondy.	Chevreuils.	12.	
	Daims.	24.	54.
	Daines.	18.	
Vincennes.	Daims.	8.	
	Daines.	5.	
	Faons.	3	
	Chevreuils.	5.	62.
	Chevrettes.	33.	
	Faons.	8.	
Senart.	Cerfs.	8.	
	Biches.	7.	
	Faons.	4.	
	Daims.	1.	
	Daines.	3.	28.
	Chevreuils.	2.	
	Chevrettes.	2.	
	Faons.	1.	
	Total général.		144.

Conservation de Versailles.

Bois et Forêts.		Espèces d'Animaux.		Totaux.
Versailles.	Petit Parc.	Chevreuils.	45.	
	Grand Parc.	Daims.	6.	
		Daines.	6.	
		Chevreuils.	5.	76.
	Bois des Gonards.	Chevreuils.	6.	
	Fausse Repose.	Daims.	3.	
		Daines.	5.	
Meudon.	Grand Parc.	Cerfs.	7.	
		Biches.	4.	
		Faons.	2.	
		Daims.	13.	46.
		Daines.	8.	
		Chevreuils.	6.	
	Buisson de Verrières.	Chevreuils.	6.	
Saint-Cloud.		Daims.	1.	10.
		Daines.	9.	
		Total général.		132.

Conservation de Saint-Germain.

Bois et Forêts.	Espèces d'Animaux.		Totaux.
Saint-Germain.	Cerfs.	15.	
	Biches.	30.	
	Faons.	17.	
	Daims.	35.	
	Daines.	35.	272.
	Faons.	20.	
	Chevreuils.	40.	
	Faons.	50.	
	Sangliers.	30.	
Marly.	Cerfs.	56.	
	Biches.	150.	
	Faons.	35.	
	Daims.	20.	384.
	Daines.	35.	
	Faons.	18.	
	Sangliers.	70.	
Total général.			656.

Conservation de Rambouillet.

Bois et Forêts.		Espèces d'Animaux.		Totaux.
Rambouillet.	Petit Parc.	Cerfs.	5.	
		Biches.	25.	
		Faons.	10.	
	Forêt.	Cerfs.	21.	131.
		Biches.	43.	
		Faons.	5.	
		Daims.	2.	
		Daines.	14.	
		Faons.	4.	
		Chevreuils.	5.	
		Sangliers.	1.	
Saint=Léger.		Cerfs.	71.	261.
		Biches.	91.	
		Daims.	18.	
		Daines.	28.	
		Chevreuils.	31.	
		Sangliers.	22.	
Les Yvelines.		Cerfs.	26.	115.
		Biches.	36.	
		Daims.	5.	
		Daines.	14.	
		Chevreuils.	32.	
		Sangliers.	2.	
		Total général.		507.

Conservation de Fontainebleau.

Bois et Forêts.	Espèces d'Animaux.		Totaux.
Fontainebleau.	Cerfs.	80.	
	Biches.	150.	
	Daims.	8.	388.
	Daines.	20.	
	Chevreuils.	90.	
	Sangliers.	40.	
Villefermoy.	Daims.	2.	
	Chevreuils.	25.	37.
	Sangliers.	10.	
Champagne.	Chevreuils.	10.	11.
	Daims.	1.	
Barbeau.	Chevreuils.		4.
Total général.			440.

13

Conservation de Compiègne.

Bois et Forêts.	Espèces d'Animaux.	Totaux.
Compiègne.	Cerfs. — 58.	684.
	Biches. — 69.	
	Faons. — 14.	
	Daims. — 48.	
	Daines. — 71.	
	Faons. — 10.	
	Chevreuils. — 250.	
	Sangliers. — 164.	

Récapitulation générale.

Conservations.	Quantité d'Animaux de chaque espèce.							
	Cerfs.	Biches.	Faons de Biches.	Daims.	Daines.	Faons de Daines.	Chevreuils.	Sangliers.
Paris.	8.	7.	4.	33.	26.	3.	63.	//
Versailles.	7.	4.	2.	23.	28.	//	68.	//
Saint-Germain.	71.	180.	52.	55.	70.	38.	90.	100.
Rambouillet.	123.	195.	15.	25.	56.	//	68.	25.
Fontainebleau.	80.	150.	//	11.	20.	//	129.	50.
Compiègne.	58.	69.	14.	48.	71.	10.	250.	164.
	347.	605.	87.	195.	271.	51.	668.	339.

2,563.

13.

Etat du Fauve

existant

dans les Forêts de l'Etat.

Numéros des Conservations.	Départemens.	Espèces et Quantité d'Animaux.					Observations.
		Cerfs.	Biches.	Daims.	Chevreuils.	Sangliers.	
1.re	Seine.	"	"	"	"	"	
	Seine-et-Oise.	10.	12.	20.	25.	1.	Les cerfs et biches sont dans les bois de Trappes et de Chevreuse.
	Seine-et-Marne.	"	"	"	66.	81.	
	Eure-et-Loir.	25.	20.	"	74.	10.	Les cerfs et biches sont dans la forêt de Senonches.
2.e	Aube.	.....	.....	.....	.....	.....	Dans l'état particulier du fauve de cette conservation, le Conservateur, sans désigner le nombre d'animaux, annonce qu'il est considérable dans les trois départemens, sur-tout en chevreuils et sangliers.
	Marne.	.....	.....	.....	.....	.....	
	Yonne.	.....	.....	.....	.....	.....	
3.e	Seine-inférieure.	61.	141.	"	256.	76.	Les 61 cerfs sont dans les forêts de Rouvrai et de la Londe, à l'exception d'un seul qui se trouve dans la forêt de Brothonne avec une biche.
	Eure.	"	"	"	22.	6.	
4.e	Calvados.	50.	28.	6.	"	40.	Les cerfs sont des forêts de Cerisy et de Saint-Sever.
	Orne.	30.	20.	2.	73.	670.	Les cerfs sont de la forêt d'Andaine.
	Manche.	"	"	"	"	"	
5.e	Ille-et-Vilaine.	"	"	"	42.	70.	
	Loire-inférieure.	"	"	"	125.	30.	
	Côtes-du-Nord.	"	"	"	24.	28.	
	Finistère.	"	"	"	42.	37.	
	Morbihan.	"	"	"	4.	45.	
	à reporter.	176.	221.	28.	753.	1,094.	

Numéros des Conservations.	Départemens.	Espèces et Quantité d'Animaux.					Observations.
		Cerfs.	Biches.	Daims.	Chevreuils.	Sangliers.	
	Report.	176.	221.	28.	753.	1,094.	
6.°	Maine-et-Loire.	70.	30.	//	50.	230.	30 cerfs sont dans les bois de Becon et 40 dans ceux de Vezins.
	Sarthe.	2.	8.	//	425.	76.	Les cerfs sont dans le bois de Sillé.
	Mayenne.	//	//	//	470.	10.	
7.°	Loiret.						Il n'existe pas de daims dans cette conservation. Les cerfs, chevreuils et sangliers y sont assez communs ; mais l'état du Conservateur n'en désigne pas le nombre.
	Loir-et-Cher.						
	Indre-et-Loir.						
8.°	Cher.						L'état n'est point parvenu.
	Nièvre.						
	Indre.						
9.°	Vienne.	155.	228.	//	//	142.	Au nombre des cerfs, il s'en trouve 100 dans la forêt de Molière et le bois de Savigny, 20 dans la forêt de Châtellerault ; le surplus est disséminé dans les différens bois du département.
	Deux-Sèvres.	2.	3.	//	//	170.	Les 2 cerfs sont dans la forêt de Chizé.
	Vendée.	//	//	//	//	112.	
	Charente-inférieure.	//	//	//	//	//	
	A reporter.	405.	490.	28.	1,698.	1,834.	

Numéros des Conservations.	Départemens	Espèces ou Quantité d'Animaux.					Observations.
		Cerfs.	Biches.	Daims.	Chevreuils.	Sangliers.	
	Report.	405.	490.	28.	1,698.	1,834.	
10.e	Allier.						Il n'existe ni cerfs ni daims dans cette conservation : le Conservateur ne désigne pas le nombre des sangliers et chevreuils ; mais il le dit considérable dans les départemens de l'Allier et du Cantal.
	Puy-de-Dôme.						
	Haute-Loire.						
	Cantal.						
	Corrèze.						
	Haute-Vienne.						
	Creuse.						
11.e	Gironde.	//	//	//	//	//	Il passe quelquefois dans cette conservation des chevreuils et des sangliers en très-petit nombre ; mais aucune espèce de fauve n'y séjourne.
	Lot-et-Garonne.	//	//	//	//	//	
	Lot.	//	//	//	//	//	
	Charente.	//	//	//	//	//	
	Dordogne.	//	//	//	//	//	
12.e	Hautes-Pyrénées.						L'état de cette conservation n'est pas parvenu.
	Basses-Pyrénées.						
	Gers.						
	Landes.						
	À reporter.	405.	490.	28.	1,698.	1,834.	

Numéros des Conservations.	Départemens.	Cerfs.	Biches.	Daims.	Chevreuils.	Sangliers.	Observations.
	Report. —	405.	490.	28.	1,698.	1,834.	
13.ᵉ	Haute-Garonne. ______	//	//	//	//	//	
	Tarn-et-Garonne. ______	//	//	//	//	//	
	Tarn. ______	//	//	//	//	100.	Ces sangliers sont les seuls animaux des espèces désignées ici, qui se trouvent dans la conservation.
	Ariége. ______	//	//	//	//	//	
14.ᵉ	Hérault. ______	//	//	//	//	//	
	Aveyron. ______	//	//	//	14.	//	
	Aude. ______	//	//	//	//	//	
	Pyrénées-orientales. ______	//	//	//	//	//	
15.ᵉ	Gard. ______	....	....	....	....	....	
	Ardèche. ______	....	....	....	....	....	L'état de cette conservation n'est point parvenu.
	Lozère. ______	....	....	....	....	....	
	Vaucluse. ______	....	....	....	....	....	
16.ᵉ	Bouches-du-Rhône. ______	....	....	....	....	....	
	Var. ______	....	....	....	....	....	Idem.
	Basses-Alpes. ______	....	....	....	....	....	
	Hautes-Alpes. ______	....	....	....	....	....	
	A reporter. —	405.	490.	28.	1,712.	1,934.	

Numéros des Conservations.	Départemens.	Espèces et Quantité d'Animaux.					Observations.
		Cerfs.	Biches.	Daims.	Chevreuils.	Sangliers.	
	Report.	405.	490.	28.	1,712.	1,934.	
17.ᵉ	Isère.	"	10.	"	"	"	Forêt de Saint-Hugon.
	Ain.	"	"	"	25.	4.	
	Drôme.	"	10.	"	"	3.	Les biches sont dans la forêt de Vercors.
	Loire.	"	"	"	"	"	
	Rhône.	"	"	"	"	"	
18.ᵉ	Côte-d'Or.						
	Haute-Marne.						L'état de cette conservation n'est point parvenu.
	Saone-et-Loire.						
19.ᵉ	Doubs.	"	"	"	15.	33.	
	Haute-Saone.	"	"	"	18.	75.	
	Jura.	"	"	"	186.	82.	
20.ᵉ	Haut-Rhin.						
	Bas-Rhin.						Idem.
21.ᵉ	Meurthe.	7.	4.	"	387.	769.	
	Meuse.	8.	6.	"	1,114.	715.	
	Vosges.	"	"	"	593.	341.	
	À reporter.	420.	520.	28.	4,050.	3,856.	

Numéros des Conservations.	Départemens.	Espèces et Quantité d'Animaux.					Observations.
		Cerfs.	Biches.	Daims.	Chevreuils.	Sangliers.	
	Report.	420.	520.	28.	4,050.	3,856.	
22.º	Moselle.	.....	.....				Les sangliers et chevreuils dont le Conservateur ne désigne pas le nombre, sont assez communs; mais il n'existe ni cerfs ni daims.
	Ardennes.	.....	.....				
23.º	Nord.	"	"	"	4.	28.	
	Pas-de-Calais.	"	"	"	"	2.	
24.º	Somme.	"	"	"	4.	53.	
	Oise.	9.	4.	22.	92.	234.	Trois de ces cerfs sont dans la forêt d'Ourscamps, les six autres dans celle d'Ermenonville.
	Aisne.	"	"	"	41.	305.	
		429.	524.	50.	4,191.	4,478.	
				9,672. (*)			

(*) Ces 9,672 animaux ne sont le produit que de 14 conservations. Les états particuliers ayant été demandés cette année, pour la première fois, aux Conservateurs, six d'entre eux ont omis d'envoyer les leurs, et les quatre autres, en les envoyant, n'ont point fait d'indication numérique des animaux; mais l'année prochaine cet état sera parfaitement complet.

Etat de Situation

des

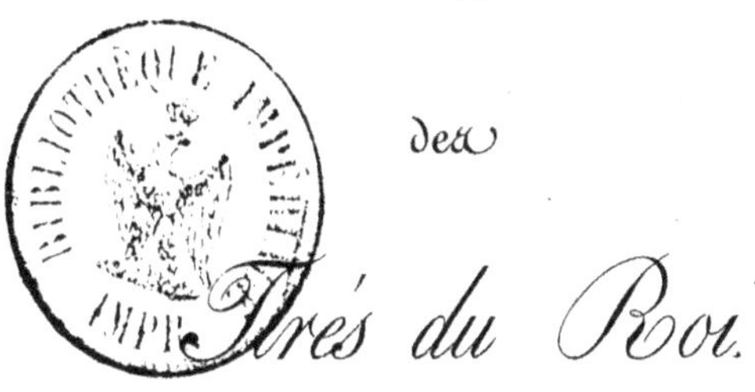

Tirés du Roi.

15.

Désignation des Tirés.	Nombre de Tirés			Observations.
	entierement achevés.	qui seront achevés en 1817.	qui restent à terminer.	
Conservation de Paris. — 1. Bois de Vincennes.	1.	"	"	
Conservation de Versailles. — Petit Parc. — 2. Gally.	"	1.	"	
3. Ménagerie.	"	1.	"	
4. Satory.	1.	"	"	
Grand Parc. — 5. Ceinture de l'Etang de Saint-Quentin.	"	"	1.	Il ne peut être fait avant l'expiration du bail en 1820.
Meudon. — 6. Clos de Chalais.	1.	"	"	
7. Tailles du Pont-Blanc.	"	"	1.	
Saint-Cloud. — 8. Parc.	1.	"	"	
Conservation de Saint-Germain. — Marly. — 9. Plaine du Trou-d'Enfer.	1.	"	"	
10. Idem de Fremainville.	1.	"	"	
11. Idem de Garenne.	1.	"	"	
12. Faisanderie de Vignolles.	"	1.	"	
Saint-Germain. — 13. Fremainville-sous-Bois.	1.	"	"	
14. Forêt Saint-Sébastien.	1.	"	"	
15. Garenne.	1.	"	"	
16. Conflans.	1.	"	"	
A reporter.	11.	3.	2.	

Désignation des Tirés.	Nombre de Tirés			Observations.
	entièrement achevés.	qui seront achevés en 1817.	qui restent à terminer.	
Report.	11.	3.	2.	
Conservation de Rambouillet.				
17. La Pommeraye.	1.	//	//	
18. Moc-Souris.	1.	//	//	
19. Les Plaisirs.	1.	//	//	
20. Les Malnones.	1.	//	//	
21. Saint-Léger.	//	//	1.	
Conservation de Fontainebleau.				
22. Grand Parquet du Roi.	1.	//	//	
23. Sermaise.	1.	//	//	
Conservation de Compiègne.				
24. Le Carnois.	1.	//	//	
25. Royallieu.	1.	//	//	
26. Le Parc.	1.	//	//	
27. Le Buissonnet.	1.	//	//	
28. La Faisanderie.	1.	//	//	
29. Le Berne.	1.	//	//	
30. Le Vivier-Corax.	//	1.	//	
	23.	4.	3.	

Etat

des Toiles, Panneaux

et Ustensiles de Faisanderie

existant

dans les Conservations du Roi.

Conservation de Paris.

Désignation des Objets.	Nombre.
Panneaux à chevreuils.	6.
Assommoirs.	50.
Seaux de puits.	2.
Mues.	24.
Paniers à couver.	52.
Crible.	1.
Boîtes à perdreaux.	32.
Soupières à faire boire les poules.	20.
Sacs pour les graines.	6.
Filets pour couvrir les boîtes à perdreaux.	24.
Parquets.	18.
Assiettes (douzaines d').	2.
Ratissoires.	2.
Cruche.	1.
Echelle.	1.
Râteau en fer.	1.
Paniers à transporter les chevreuils.	9.

Conservation de Versailles.

Désignation des Objets.	Nombre.
Parquets.	28.
Caisses garnies.	33.
Petites caisses garnies.	50.
Petites auges à grains.	20.
Tremis pour les parquets.	20.
Paniers à couver.	90.
Idem à deux étages pour porter les poules couveuses.	2.
Mues.	12.
Toiles pour couvrir les couveuses.	2.
Sacs à fourmis.	4.
Paniers en osier.	75.
Tamis.	2.
Seaux ferrés.	2.
Différens ustensiles pour donner à manger aux élèves.	112.
Pièces de panneaux à lièvres et à lapins.	32.
Piéges.	14.
Assommoirs.	28.
Tonnelle.	1.

Conservation de Saint-Germain.

Désignation des Objets.	Nombre.
Parquets en planches et filets pour les couvrir.	21.
Mangeoires et terrines pour donner à boire et à manger aux élèves dans lesdits parquets.	21.
Paniers à couveuses.	105.
Caisses et leurs couvercles.	63.
Clayettes pour couvrir les caisses.	30.
Claies pour former des parquets.	24.
Mues pour faire manger les couveuses.	40.
Toiles pour couvrir les couveuses (vingt aunes).	20.
Brocs pour porter à boire aux élèves.	3.
Paniers pour porter à manger aux élèves.	2.
Boîtes pour idem.	4.
Ratissoire.	1.
Râteau de fer.	1.
Pioche.	1.
Civière pour porter les caisses.	1.
Panier pour transporter les poules couveuses.	1.
Sacs pour aller aux fourmis.	6.
Pièces de panneaux à lapins.	20.

Conservation de Rambouillet.

Désignation des Objets.	Nombre.
Caisses pour l'élève du jeune gibier.	80.
Paniers de couverie.	115.
Mues.	55.
Petites claies pour les caisses.	9.
Civière.	1.
Baquet.	1.
Crible.	1.
Paniers à Lièvres et à porter le gibier.	9.
Pièces de panneaux.	30.
Tonneau pour porter de l'eau à la faisanderie.	1.
Râteaux pour herser les tirés ensemencés.	5.
Toiles pour couvrir les paniers de couverie (quarante-une aunes).	41.
Piéges à la conservation. ——— 42.	160.
Idem aux Gardes. ——— 118.	
Parquets	40.

Conservation de Fontainebleau.

Désignation des Objets.	Nombre.
Cages à transporter les faisans.	3.
Paniers à couver.	56.
Mues.	36.
Caisses à faisans.	58.
Couvercles de caisses.	24.
Pots de grès.	24.
Tasses de terre.	42.
Auges.	26.
Toile à fourmis.	1.
Sacs à œufs de fourmis.	1.
Crible.	1.
Cruche de fer blanc.	1.
Table.	1.
Couperets.	2.
Chaudière de fonte.	1.
Mortier de bois.	1.
Seaux.	4.
Sebille.	1.
Paniers pour porter à manger.	2.
Besace.	1.
Paniers à transporter des lièvres.	3.

Suite de la Conservation de Fontainebleau.

Désignation des Objets.	Nombre.
Panier pour chevreuils.	1.
Parquets en genêt.	16.
Idem en pierre.	4.
Piéges à loups.	9.
Idem à renards.	20.
Idem à fouines.	12.
Idem à poteaux.	7.
Pièces de panneaux à chevreuils.	13.
Idem à lièvres.	9.
Idem à lapins.	14.
Bottes de liniers.	2.
Assommoirs.	100.
Tasses de grès.	12.

Conservation de Compiègne.

Désignation des Objets.	Nombre.
Filets à parquets.	15.
Pièces de panneaux bâtards.	35.
Idem à chevreuils.	6.
Piéges à loups.	6.
Idem à renards.	133.
Idem à fouines.	65.
Idem à poteaux.	61.
Assommoirs.	1,500.
Boîtes longues.	29.
Idem courtes.	60.
Cages.	35.
Mannes.	87.
Clayons.	28.
Grands paillassons.	10.
Auges de bois.	16.
Idem de pierre.	24.
Hachoirs.	2.
Tamis.	1.
Petits pots.	72.
Râteaux.	2.
Paniers chevreuil.	1.
Passette.	1.
Paniers à transporter les chevreuils.	25.

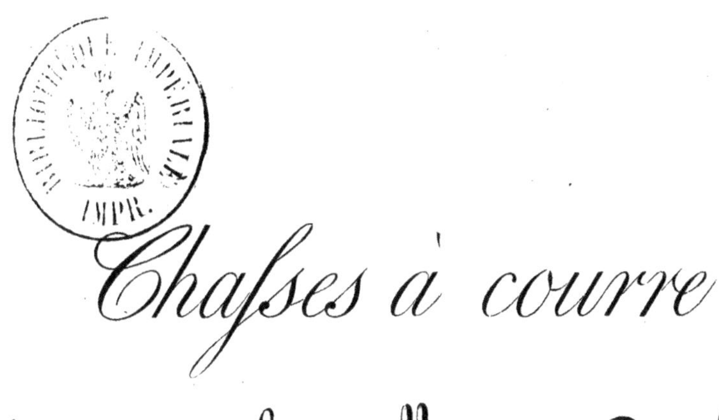

Chasses à courre

faites par les Meutes du Roi

en 1816.

| Désignation des | | Dates. | Présence. | Description des Chasses. |
Forêts.	Rendez-vous.			
St.-Germain.	Croix de Noailles.	8 janvier.	M.gr le Duc de Berry.	Mousquetaire, Delaunay, Charlemagne, Fanfare et Duval, ont laissé courre un cerf dix cors à l'Étoile Dauphine, derrière La Muette, pris aux Petites Routes, près la porte d'Ennemom, après deux heures de chasse.
Idem.	Idem.	15 idem.	S. A. R.	Mousquetaire, Delaunay, Charlemagne, Fanfare et Duval, ont laissé courre un cerf dix cors à l'Étoile du Renard ; pris à l'Étoile du Loup, après une heure de chasse.
Idem.	Idem.	22 idem.	M.gr le Duc d'Angoulême. M.gr le Duc de Berry.	Labrisée et Latrace ont laissé courre un cerf à sa troisième tête, aux Ventes Chaillou ; pris à la rivière, de l'autre côté du Pâtis, vis-à-vis de la Chapelle Saint-Sébastien, après une heure et demie de chasse.
Idem.	Idem.	29 idem.	LL. AA. RR.	La gelée étant trop forte, l'équipage est rentré sans chasser.
Idem.	Idem.	5 février.	LL. AA. RR.	Mousquetaire, Delaunay, Charlemagne, Fanfare et Duval, ont laissé courre un cerf à sa troisième tête, à l'Étoile de Penthièvre ; pris à la Croix de Mont-Chevreuil, grande route de Poissy, après deux heures de chasse.

Désignation des Forêts	Désignation des Rendez-vous	Dates	Présence	Description des Chasses
St-Germain.	Croix de Noailles.	17 février.	Mgr le Duc d'Angoulême. Mgr le Duc de Berry.	M. le Comte de Vienne, M. le Vicomte de Saint-Pern, Flocard cadet et Lafeuille, ont laissé courre un cerf dix cors, à la Croix-Pucelle; pris aux Petites Routes dans l'accul de Saint-Léger, après une demi-heure de chasse. On attaqua en second un daguet, laissé courre par Labrisée et Latrace, à l'Etoile du Grand-Maître; pris à la Vente de l'Etoile Saint-Joseph, après deux heures de chasse.
Idem.	Idem.	22 idem.	LL. AA. RR.	Mousquetaire, Flocard Pierre, Charlemagne, Fanfare, Duval et Lechallier, ont laissé courre un cerf dix cors, et une troisième tête, aux Ventes Frileuses, lesquels se séparèrent à la Vallée des Noyers; le plus jeune fut chassé par Monseigneur le Duc d'Angoulême, et pris au Val, après une heure de chasse. Le cerf dix cors fut pris à la grille de Poissy, dans le jardin du garde, après une heure de chasse.
Idem.	Idem.	26 idem.	LL. AA. RR.	Labrisée et Fanfare ont laissé courre un cerf dix cors, aux Carrières d'Acheres; pris aux Loges, après trois quarts d'heure de chasse.
Idem.	Idem.	2 mars.	LL. AA. RR.	Leroux père, Charlemagne et Lechallier, ont laissé courre un cerf à sa quatrième tête, à l'Etoile Dauphine; pris aux Carrières d'Acheres, après trois quarts d'heure de chasse.

| Désignation des | | Dates. | Présence. | Description des Chasses. |
Forêts.	Rendez-vous.			
St.-Germain.	Croix de Noailles.	9 mars.	M.gr le Duc d'Angoulême, M.gr le Duc de Berry.	Mousquetaire, Latrace, Charlemagne et Duval, ont laissé courre un daguet, à l'Etoile de Brionne, pris à ladite Etoile, après une heure de chasse.
Idem.	Idem.	15 idem.	LL. AA. RR. Monsieur M.le Duc d'Angoulême M.le Duc de Berry	Labrisée et Fanfare ont fait rapport d'un cerf à sa troisième tête, à l'Etoile du Grand-Maître; n'ayant pu l'attaquer et étant seul au rapport, la retraite fut sonnée.
Idem.	Idem.	20 idem.	LL. AA. RR. M.le Duc d'Angoulême M.le Duc de Berry	M. le Vicomte de Saint-Pern, Flocard cadet et Lafeuille, ont laissé courre un cerf à sa quatrième tête, à la petite Etoile des Loges, pris à la Mare du Héron, après un quart d'heure de chasse.
Meudon.	Rond d'Ursine.	27 idem.	LL. AA. RR. Monsieur M.le Duc d'Angoulême M.le Duc de Berry	Flocard Pierre, Leroux père et Fanfare, ont laissé courre un cerf dix cors jeunement dans les bois de Clamart, pris aux Gouards près la porte du Cerf-volant, après une heure et demie de chasse. Ce cerf avait mis bas.
Idem.	Idem.	3 avril.	LL. AA. RR. M.le Duc d'Angoulême M.le Duc de Berry	M. le Vicomte de Saint-Pern, Labrisée et Latrace, ont laissé courre un cerf à sa quatrième tête, à la côte du Pavillon d'Ursine; quelques chiens ayant tourné à un daguet boiteux, l'on porte bas, et l'on arrêta sur le cerf de meute.

| Désignation des | | Dates. | Présence. | Description des Chasses. |
Forêts.	Rendez-vous.			
Fontainebleau.	Carrefour de Recloses.	13 avril.	. . . .	Dans trois cerfs qui ont paru à la Croix de Souvray, une quatrième tête s'est séparée ; elle fut chassée pendant une heure et demie, et le commandant fit sonner la retraite.
Idem.	Croix du Grand-Maître.	17 idem.	M.gr le Duc d'Angoulême. M.gr le Duc de Berry.	Mousquetaire, Flocard Pierre, Delaunay et Charlemagne, ont laissé courre un cerf dix cors à la plaine du Rosoir. Il longe le Long-Rocher, traverse le Mont-Merle, le Montoir de Villiers et les Ventes à Galenne, où l'on tomba en défaut. N'ayant pu le relever, on attaqua en second un autre cerf dix cors, qui parut à la Canche aux Lièvres, passa le Mont-Merle, les Ventes Héron, la Mal-Montagne et la plaine Rayonnée, traverse le pavé de Moret, débuche, et va se jeter à la rivière, où il fut pris vis-à-vis Champagne, après deux heures de chasse.
Idem.	Croix du Grand-Veneur.	24 idem.	LL. AA. RR.	M. le Vicomte de Saint-Pern, Mousquetaire, Labrisée, Latrace, Charlemagne et Duval, ont laissé courre un cerf dix cors aux Repeuplemens de Samois. Il traverse la Boissière, le chemin de Bourgogne, l'Épine Foireuse, se fait relancer à la Mare aux Evées, va à la rivière à Coulant, la longe une demi-lieue, et sort de l'eau avant que les chiens fussent arrivés : l'ayant rapproché, il fut relancé au bois de la Rochette, et pris à la rivière, après trois heures et demie de chasse.

Désignation des		Dates.	Présence.	Description des Chasses.
Forêts.	Rendez-vous.			
Fontainebleau.	Parc des Caves.	1.er mai.	M.gr le Duc d'Angoulême. M.gr le Duc de Berry.	M. le Vicomte de Saint=Pern, Flocard cadet et Lafeuille, ont laissé courre un cerf dix cors à la Pommeraye, lequel déboucha de suite par Chailly pour rentrer au bois Bréau, passa aux gorges d'Aspremont, aux monts Girards, fit un retour par les gorges d'Aspremont, rentra au mont de Fays, où l'on tomba en défaut aux Bécassières; une partie des chiens ayant tourné au change sur un cerf qui passa la rivière à Coulam, on sonna la retraite, et celui de meute qui avait été maintenu par l'autre partie des chiens, fut pris et porté bas à la Mare aux Evées, après cinq heures de chasse.
Idem.	Croix du Grand-Veneur.	8 idem.	LL. AA. RR.	M. le Comte de Vienne, Mousquetaire, Labrisée, Latrace, Charlemagne et Duval, ont laissé courre un cerf dix cors à la Boissière; il passa les buttes Saint-Louis, la grande route de Melun, à la Longue-Vallée, au Cabinet de Monseigneur, au rocher Cuvier-Châtillon, et aux gorges d'Aspremont où l'on tomba en défaut; ayant fait un retour, on revint en rapprochant jusqu'aux Bécassières, où il fut relancé accompagné d'un jeune cerf chassé par quelques chiens qui l'ont porté bas. On croisa pour retrouver le cerf de meute, mais un orage étant survenu, la retraite fut sonnée.

| Désignation des | | Dates. | Présence. | Description des Chasses. |
Forêts.	Rendez-vous.			
Fontainebleau.	Croix de Franchard.	15 mai.	Mgr le Duc d'Angoulème.	M. le Comte de Vienne, Flocard Pierre, Charlemagne et Lechallier, ont laissé courre quatre cerfs ensemble, dans les Bouliniers, au bout du rocher de Trappe-Charrette, lesquels prirent leur parti, et rentrèrent aux Buttes de Fontainebleau ; un cerf dix cors s'étant séparé, passa aux gorges d'Aspremont et au Puits-Géant, où l'on arrêta les chiens qui tournaient au change : revenu au Puits-Géant, il fut relancé, rentra aux Grands-Feuillards, et le change parut de nouveau ; le cerf de meute perça aux Barnolets et fut maintenu par quelques chiens ; mais le change ayant paru pour la troisième fois, et la nuit étant arrivée, la retraite fut sonnée.
Idem.	Croix du Grand-Maître.	20 mai.	Mgr le Duc d'Angoulème. Mgr le Duc de Berry.	Mousquetaire, Latrace, Duval et Lechallier, ont laissé courre un cerf dix cors, dans le buisson des Annettes, derrière le village de Bouron ; il débuche et rentre au bois de Villiers, passe le pavé de Bouron, les forêts de Marlotte, les Ventes-Héron, la Mal-Montagne, la plaine du Rosois, et la garenne de Grosbois, débuche, va prendre de l'eau à la rivière de Loing, rentre à la garenne de Grosbois, débuche encore, et fut porté bas par les chiens, dans la plaine, après trois heures de chasse.

Désignation des Forêts.	Rendez-vous.	Dates.	Présence.	Description des Chasses.
Fontainebleau.	Croix du Grand-Maître.	25 mai.	Mgr le Duc d'Angoulême	Flocard Pierre, Delaunay, Charlemagne et Fanfare, ont laissé courre un cerf à sa quatrième tête, à la plaine du Rosoir ; il passe le Long-Rocher, les Ventes-Héron, le Mont-Merle, le pavé de la Croix de Saint-Hérem, le rocher de la Combe et la Route-Ronde ; rentré à la Haute-Plaine et au rocher de Franchard, il passe la route de Fleury et rentre au Puits-Géant, où l'on tomba en défaut ; il se fit relancer, passa aux monts Girards, aux buttes de Fontainebleau, à la Haute-Plaine, aux Grands-Feuillards, à la Mare aux Corneilles, au chemin d'Ory et à la Canche aux Lièvres, où les chiens prirent le change ; la nuit étant arrivée, la retraite fut sonnée, après sept heures de chasse.
Idem.	Table du Roi.	29 mai.	S. A. R.	Mousquetaire, Leroux père, Charlemagne et Duval, ont laissé courre un cerf dix cors au Bois-à-la-Dame, qui prit son parti par la Boissière, traversa le chemin de Bourgogne, les buttes Saint-Louis, le parc de Melun, les Bécassières, l'Épine-Foireuse, la Glandée et la Pommeraye, où l'on tomba en défaut ; n'ayant pu le relever, la retraite fut sonnée, après une heure de chasse.
Idem.	Croix du Grand-Maître.	4 juin.	. . . .	Mousquetaire, Flocard Pierre, Delaunay, Leroux père, Charlemagne et Fanfare, ont laissé courre un cerf à sa quatrième tête, à la plaine Rayonnée ; il passe à la Mal-Montagne, à la plaine du Rosoir, rentra au Chêne-Feuillu et au rocher Bernard, fit son retour à la Croix du Grand-Maître et à la Mal-Montagne, où il fut pris après une heure de chasse.

Désignation des		Dates.	Présence.	Description des Chasses.
Forêts.	Rendez-vous.			
Fontainebleau.	Croix de Toulouse.	6 juin.	Mgr le Duc d'Angoulême. Mgr le Duc de Berry.	M. le Vicomte de Saint-Pern, Flocard cadet, Lafeuille et Lechallier, ont laissé courre un cerf dix cors, aux Vieux-Rayons. Il passe l'Épine-Foireuse et la Glandée, débuche à la Rochette et à Coulam, où il passe la rivière; il rentre à Massoury, débuche encore, repasse la rivière, rentre à Barbau; et après huit heures de chasse, la retraite fut sonnée, ayant manqué ce cerf par un faux renseignement, qui fit passer la rivière deux fois mal-à-propos.
Idem.	Idem.	13 idem.	Monsieur. Madame. Mgr le Duc d'Angoulême. Mgr le Duc de Berry.	Flocard Pierre, Delaunay, Fanfare et Duval, ont laissé courre un cerf dix cors à la plaine des Écouettes; il traversa le rocher de la Bichourdière, fit son retour par le pavé de Melun, passa aux Bécassières, prit de l'eau à la Mare aux Évées, fut à la Glandée et à Coulam, passa et repassa la rivière, et se fit prendre à Dammary, après trois heures de chasse.
Rambouillet.	Poteau de Pecqueuse.	20 idem.	. . . .	M. le Comte de Vienne, Mousquetaire, Flocard cadet, Leroux père, Latrace et Lechallier, ont laissé courre un cerf dix cors jeunement, à Biennonvienne; il passa aux Tailles d'Épernon, aux buttes de Vendôme, et fut pris dans le réservoir du moulin de Poigny, après une heure et demie de chasse.

Désignation des		Dates.	Présence.	Description des Chasses.
Forêts.	Rendez-vous.			
Rambouillet.	Croix du Grand-Veneur.	27 juin.	M.gr le Duc d'Angoulême, M.gr le Duc de Berry.	Flocard Pierre, Lafeuille, Duval et Lechallier, ont laissé courre un cerf dix cors, au bois de Saint-Benoît; il débucha aux Fonds de Bullion, passa au bois Martin, aux Yvelines, et débucha à la Forêt Verte, où les chiens tournèrent au change: on rapprocha depuis la Forêt Verte, en passant par la Renardière, l'étang de Coupe-gorge, la route de Saint-Léger et la Haute-Tasse; il rentra à Gazeran, où il débucha; mais ayant beaucoup d'avance, et ne pouvant le relancer; la retraite fut sonnée, après cinq heures de chasse.
Idem.	Poteau des Bruyères.	3 juillet.	LL. AA. RR.	Mousquetaire, Delaunay, Fanfare et Renard, ont laissé courre un cerf dix cors, au poteau de la Poterie; il se fit battre dans les Fonds de Bullion, à la baie de Butards et de Rochefort, débucha au bois de la Selle, traversa le bois Martin, passa à la Croix du Grand-Maître et au Chêne-Quinquet, se fit relancer aux boidages de la Ville-Neuve, traversa le bois de Souchamp, le fossé Brou, la Croix du Grand-Maître, et fut porté bas par les chiens, au Parc de la Vénerie, après deux heures et demie de chasse.
Idem.	Poteau des Deux-Châteaux.	3 idem.	M.gr le Duc de Berry.	M. le Comte de Vienne, Flocard cadet, Leroux père et Charlemagne, ont laissé courre un cerf dix cors, aux Ventes-Bizet; il se fit battre dans le parc d'Enbaut et dans les Ventes-Bizet, passa aux Mares Rondes, aux Mares Gautier et à Vilpert, fit son retour, passa au clos Renard, et fut pris dans le village de Saint-Léger, après une heure un quart de chasse.

Désignation des		Dates.	Présence.	Description des Chasses.
Forêts.	Rendez-vous.			
Rambouillet.	Pavillon de Pounas.	13 juillet.	M.gr le Duc de Berry.	Mousquetaire, Delaunay et Fanfare, ont laissé courre un cerf dix cors, à la Cerqueuse; il passe au poteau de Hollande, aux Mares Gautier, à Vilpert, à la Haute-Tasse, à la route de Saint-Léger, à la Renardière et à la Pommeraye, prend de l'eau à l'étang du Gruyer, passe à la Forêt-Verte, où il se fait battre, va reprendre de l'eau à l'étang du Moulinet, et fut pris à la Patte-d'Oie, après trois heures de chasse.
Idem.	Saint-Léger.	18 idem.	S. A. R.	M. le Comte de Vienne, M. le Vicomte de Saint-Pern, Labrisée, Flocard cadet, Lafeuille, Lechallier et Renard, ont laissé courre un cerf dix cors, à la Viguerie; mais, attendu l'impossibilité de continuer la chasse, en raison de l'extrême mauvais temps, la retraite fut sonnée.
Idem.	Poteau des Bruyères.	22 idem.	S. A. R.	Mousquetaire, Delaunay, Fanfare et Renard, ont laissé courre un cerf dix cors à la Haye de Rochefou; il s'y fit battre et passa aux Fonds de Bullion, où il fut pris après une heure de chasse. On attaqua en second, dans la susdite enceinte, un cerf dix cors, laissé courre par les mêmes valets de limiers, lequel débucha à la Poterie, rentra au Bois Martin, aux Enclaves et aux Ivelines, débucha à la Forêt-Verte, et passa à l'Étang du Gruyer où le change parut; n'ayant pu relever le défaut, la retraite fut sonnée.

| Désignation des | | Dates. | Présence. | Description des Chasses. |
Forêts.	Rendez-vous.			
Rambouillet.	Poteau de la Quenouille	27 juillet.	M.gr le Duc de Berry.	Mousquetaire, Flocard cadet, Leroux père, Latrace et Fanfare, ont laissé courre un cerf dix cors à Gambaseuil ; il traversa le Boquet, passa à l'Epars, il débucha en rentra au bois de Gambais, va au Bas en Haut-Beaussard, aux Longues-Mares, aux Ponts-Quentins, aux Mares-Rondes en à Vilpeu, débucha à la Viguerie, en rentra aux Tailles d'Epernon, où le change parut ; n'ayant pu relever le défaut, la retraite fut sonnée, après cinq heures de chasse.
Idem.	Tailles d'Epernon	1.er août.	S. A. R.	M. le Comte de Vienne, Mousquetaire, Flocard, Leroux père et Renard, ont laissé courre un cerf dix cors jeunement à la Butte-à-Loison ; il passe aux buttes de Vendôme, à Pecqueuse, à Briennouvienne, à la Viguerie, rentre aux Tailles d'Epernon, débuche en va à Gazeraud, où l'on tomba en défaut : ayant enveloppé par l'avantage du Beau-Revoir en l'assurance qu'il était resté dans deux enceintes, on y entra ; il y parut plusieurs animaux, mais après deux heures de défaut, il fut relancé, se fit battre dans Gazeraud, débucha à la brèche de Poigny, passa aux Rabières, prit de l'eau à l'étang d'Angéne, rentra aux buttes de Vendôme, en fut pris à l'étang de Guipreux, après sept heures de chasse.
Idem.	Poteau de la Quenouille	....	S. A. R.	M. le Comte de Vienne, Mousquetaire, Flocard cadet, Leroux père, Latrace et Fanfare, ont laissé courre un cerf dix cors dans les bois de Neuville ; il traverse le Haut-Beaussard, passe au poteau du Chêne du Roi, aux Longues-Mares, aux Ponts-Quentins, aux Mares-Rondes, à la Cerqueuse, en à l'étang du Bourg-Neuf, où il fut pris, après une heure en demie de chasse.

Désignation des		Dates.	Présence.
Forêts.	Rendez-vous.		
Rambouillet.	Poteau de la Quenouille.	10 août.	Mgr le Duc de Berry.
Compiègne.	Carrefour d'Orbay.	21 idem.	Mgr le Duc d'Angoulême. Mgr le Duc de Berry.
Idem.	Puits du Roi.	27 idem.	LL. AA. RR.

Description des Chasses.

Flocard cadet et Fanfare ont laissé courre un cerf dix cors aux Mares-Rondes; il passa à la Cerqueuse, aux Tailles de Mareil et à l'étang des Morues, où il fut pris après trois quarts d'heure de chasse.

On attaqua en second un cerf dix cors aux Mares-Rondes; il se fit battre aux Ponts-Quentins, passa au bois de Hollande et à la Cerqueuse, rentra et sortit sept fois de l'étang de Hollande, où il se fit prendre, après deux heures de chasse.

Flocard Pierre, Delaunay et Fanfare, ont laissé courre un cerf dix cors à la Basse-Queue; pris au carrefour Solitaire, près la route de Champlieu, après trois quarts d'heure de chasse.

On attaqua en second, au Hazoi, un cerf à sa quatrième tête, laissé courre par M. le Comte *de Vienne, Labrisée, Flocard cadet, Leroux père, Charlemagne et Lafeuille;* il passa au carrefour Solitaire, au carrefour du Maupas, à la Michelette, au carrefour Bourbon, à Sainte-Périne aux Bréviaires, au Puits-Dauphin, à la Muette, au Mont-Saint-Pierre, au puits d'Antin et au carrefour des Sept-Morts; il longea les prairies de Vieux-Moulin, le Vivier-Frère-Robert, traversa la grande route de Soissons et se fit battre une demi-heure dans le Berne, où il fut pris après deux heures moins un quart de chasse.

Mousquetaire, Charlemagne, Duval et Renard, ont laissé courre un cerf dix cors au Puits du Roi; il passa sous les Futaies pour aller au carrefour d'Orbay, fit un retour, alla à la Michelette, au pont des Loges, à la route de Marienval, à celle de Crépy et au Puits-Dauphin, où il fut pris après une heure un quart de chasse.

| Désignation des | | Dates. | Présence. | Description des Chasses. |
Forêts.	Rendez-vous.			
Compiègne.	Aux Brévières.	28 août.	Mgr le Duc d'Angoulême, Mgr le Duc de Berry.	M. le Comte de Vienne, Labrisée, Flocard cadet, Leroux père et Lafeuille, ont laissé courre un cerf dix cors au carrefour Bourbon; il passa au puits de la Michelette, aux Secquemeaux, traversa le chemin de Crespy, fut au Puits-Dauphin, à la Belle-Image, au puits d'Autun et à Vieux-Moulin, où il fut pris après une heure et demie de chasse.
Idem.	Près de la Ville.	3 septemb.	LL. AA. RR.	Flocard cadet, Lafeuille et Duval, ont laissé courre un cerf dix cors à la Queue-Saint-Étienne; pris au village de Gillancourt, après une demi-heure de chasse. On attaqua en second un cerf dix cors au bois de Cuisse, laissé courre par Flocard Pierre, Leroux père et Fanfare; il rentre par la gorge du Ham, longe le mont Collet et celui de Saint-Marc jusqu'au Vivier-Frère-Robert, traverse l'Oreille, se fait battre au carrefour des Sept-Morts, et fut pris aux Mare-Saint-Louis, après une heure de chasse. On attaqua en troisième un cerf à sa quatrième tête, au carrefour de Monsieur, laissé courre par M. le Comte de Vienne, Labrisée, Charlemagne et Renard; il passa à la Tête-Saint-Jean, au parquet de la Landeblin, à Vaudrampont, au carrefour Bourbon, à la Michelette, au Pont-des-Loges, à Lacroix, au carrefour d'Orbay, au carrefour d'Artois, aux Moulineaux, au Gazci, aux Grueries et aux Eloax, traversa l'étang de Sainte-Périne et le chemin de Crespy, où, la nuit étant arrivée, la retraite fut sonnée.

Désignation des Forêts.	Rendez-vous.	Dates.	Présence.	Description des Chasses.
Compiègne.	Carrefour d'Orbay.	7 septemb.	Mgr le Duc de Berry.	M. le Comte de Vienne, Labrisée, Flocard cadet, Leroux père et Lafeuille, ont laissé courre un cerf dix cors aux Grands-Monts; il traverse les Gueries, la Fideuse et la Michelette, bat l'eau à l'étang de Sainte-Périne, sort en se fait battre dans les tailles de Malassise, revient à l'étang et le traverse, passe la route de Marienval, et fut pris sous la futaie de la Michelette, après une heure un quart de chasse. On attaqua en second un cerf dix cors, au Puits du Roi, laissé courre par Mousquetaire, Latrace, Duval et Renard; il passe aux Sequeneaux, aux Demeures des Bréviaires et à la Michelette, fait son retour en traverse l'étang de Sainte-Périne, va aux mares de Icaux, au Puits-Dauphin, en vient reprendre de l'eau à l'étang de Sainte-Périne; il rentre aux mares de Icaux en au Puits-Dauphin, repasse dans les Demeures des Bréviaires, en se fut prendre à l'étang de Sainte-Périne, après trois heures de chasse.
Idem.	Près de la Ville.	11 idem.	Mgr le Duc d'Angoulême. Mgr le Duc de Berry.	Flocard cadet, Lafeuille et Duval, ont laissé courre un cerf dix cors jeunement aux Neuf-Fontaines, près de la Maison Bleue; il traverse la Queue-Saint-Etienne et le bois Caron, passe aux étangs de Batigny, au carrefour du Grand-Maître, au fort Poirier, en se fait battre sous les futaies au bas du mont Saint-Pierre, va à la prairie de Vieux-Moulin, au mont Saint-Marc, et fut pris à l'étang de l'Etot, après une heure en demie de chasse. On attaqua en second un cerf dix cors, laissé courre par Mousquetaire, Leroux père et Fanfare, dans la côte du mont Saint-Marc; il longe ledit mont, le long de la route de Soissons, monte sur le mont Collet, traverse trois fois les étangs de Saint-Pierre, se fait battre dans le mont Collet, dans la gorge du baut et des dessous de Saint-Pierre, et fut pris dans les étangs de ce nom, après deux heures et demie de chasse.

Désignation des Forêts.	Rendez-vous.	Dates.	Présence.	Description des Chasses.
Compiègne.	Franc-Port.	16 septem.	Mgr le Duc d'Angoulême. Mgr le Duc de Berry.	M. le Comte de Vienne, Flocard cadet, Leroux père, Lechallier et Renard, ont laissé courre un cerf dix cors au puits d'Orléans ; il traverse la Route Royale, le Camp de Senlis, et rentre au Fonds Chandeliers, passe la route de Sainte-Croix et celle de la Malmière, traverse les fossés et la route du Plessis-Brion, repasse auprès du puits d'Orléans, bat le mont Écange et le rut Éloi, se fait battre au Fonds Chandeliers, et fut pris au carrefour d'Hanneucourt, après deux heures et un quart de chasse. On attaqua en second un cerf dix cors au Berne, laissé courre par Labrisée, Delaunay et Duval ; il passe aux Beaux-Monts, aux mares Saint-Louis, aux tailles des Bréviaires, au Puits du Roi, fait son retour par le Puits-Dauphin et les mares Saint-Louis, débuche près de la maison du pont de Berne, va à la rivière d'Oise, et bat l'eau jusqu'au pont de Francport, où il fut pris après deux heures de chasse.
Idem.	La Faisanderie.	19 idem.	LL. AA. RR.	Mousquetaire, Latrace, Duval et Renard, ont laissé courre un cerf à sa seconde tête dans les mares du Puits du Roi ; il passe à la Michelette, au pont des Loges, au carrefour d'Orbay, aux Grueries, à la Hideuse, aux Tournelles et aux Grands-Monts ; il revient à la Michelette et au Puits du Roi, traverse le chemin de Crespy, va aux tailles des Bréviaires, aux mares Saint-Louis, à la Belle-Image, au puits d'Autin et au mont Saint-Marc, fait son retour, et fut pris dans le village de Vieux-Moulin, après deux heures et un quart de chasse.

| Désignation des | | Dates. | Présence. | Description des Chasses. |
Forêts.	Rendez-vous.			
Compiègne.	Aux Bréviaires.	25 septem.	M.ˢʳ le Duc d'Angoulême, M.ˢʳ le Duc de Berry.	Mousquetaire, Lafeuille et Lechallier, ont laissé courre un cerf à sa quatrième tête au parquet de la Landeblin; il passe à Saint-Nicolas, monte à la Fortelle et aux Grands-Monts, descend à Vaudrampont, repasse à la Landeblin, va à la Tête-Saint-Jean, au petit mont Arcy; il rentre au fort Poirier, s'y fait battre, passe au carrefour de Monsieur, aux mares de Jeaux et aux mares des Bréviaires, il revient aux mares de Jeaux, à Sainte-Périne et à la Landeblin, passe au carrefour Bourbon, retourne à Vaudrampont et va au puits de la Michelette, où il fut pris après trois heures de chasse.
Idem.	Carrefour de Monsieur.	2 octobre.	LL. AA. RR.	Leroux fils a fait son premier laissé courre sur un cerf dix cors, détourné au carrefour de la Meute; il passe à Saint-Jean, aux mares de Malassises, aux Grands-Marais, au carrefour d'Orbay, aux Volières et à la Basse-Queue; il se fait relancer et va au carrefour d'Artois, aux Moulineaux, à la Fideuse, à la Michelette, traverse l'étang de Sainte-Périne, remonte à la Landeblin et à Saint-Jean, en fut pris au carrefour du Grand-Maître, après trois heures et demie de chasse. On attaqua en second un cerf dix cors aux mares de Jeaux, laissé courre par M. le Comte de Vienne, Flocard cadet et Fanfare; il va aux mares de Malassise, à la Landeblin et au carrefour Bourbon; il passe deux fois l'étang de Sainte-Périne, se fait battre dans les environs, et fut pris audit étang après une heure de chasse.

Désignation des		Dates.	Présence.	Description des Chasses.
Forêts.	Rendez-vous.			
Compiègne.	Au Puits-Dauphin.	10 octobre.	Mgr le Duc d'Angoulême, Mgr le Duc de Berry.	Labrisée, Leroux père et Charlemagne, ont laissé courre un cerf dix cors aux mares Saint-Louis; il passe au Puits-Dauphin, aux mares de Jeaux, à Saint-Jean, à la Landeblin, au carrefour Bourbon, à la Michelette et au pont de l'Ange; pris au carrefour de la Patte-d'Oie, après cinquante-cinq minutes de chasse. On attaqua en second un cerf à sa seconde tête au carrefour du Maupas, laissé courre par Mousquetaire, Lafeuille et Lechallier; il passe au carrefour de la fontaine Huet, à la Hideuse, à Saint-Jean, à Saint-Sauveur, aux Volières, aux Moulineaux, au carrefour Solitaire et au pont de l'Ange; pris à la Place aux Veaux, près du carrefour de la fontaine Huet, après une heure de chasse.
Meudon.	Rond de la Bouvilière.	19 idem.	LL. AA. RR.	Mousquetaire, Leroux père et Charlemagne, ont laissé courre un cerf à sa troisième tête aux Fonceaux près de la porte de Meudon; il traverse les Fonds de Morval et le pavé de Meudon, passe à Vrone et aux Fonds du Trévou; il fait un retour par l'Étang-Vert et Vrone, monte le précipice et va à la Mare-Adam, débuche et rentre au Gladiateur, passe à la Porte-Dauphine, retourne aux Fonds de Morval, repasse au pavé de Meudon et va se jeter dans l'étang de Colin-Porcher, où il fut pris après deux heures de chasse.

| Désignation des | | Dates. | Présence. | Description des Chasses. |
Forêts.	Rendez-vous.			
Trapes.	Ferme du Manet.	23 octobre.	Mgr le Duc d'Angoulême. Mgr le Duc de Berry.	M. le Vicomte de Saint=Pern, Labrisée, Leroux père, Latrace et Duval, ont laissé courre un cerf dix cors à l'Etoile des Huit-Routes ; il se fait battre dans Trapes, passe à Champ-Garnies, à la Remise de la Touffe et à celle de Marnière, va aux bois de la Roucière et de Maincourt, debuché aux bois de l'Etrille et des Layes, et fut pris près de la commune de Lévy, après une heure et un quart de chasse. On attaqua en second un cerf dix cors près du pont de la Ville-Dieu, laissé courre par Mousquetaire, Charlemagne, Lechallier, Renard et Leroux fils ; il debucha aux bois des Clayes, où il se fit battre un instant ; il debucha à Sainte-Apolline, traversa la grande route, et descendit la côte d'Elancourt, debucha encore entre Chenevière et Ergal, et fut pris près du moulin des Roches, entre le Tremblay et Ponchartrain, après une heure et un quart de chasse.
Idem.	Ferme du Manet.	28 idem.	LL. AA. RR.	M. le Vicomte de Saint=Pern, Mousquetaire, Labrisée, Leroux père, Latrace, Charlemagne, Lafeuille, Lechallier et Renard, ont laissé courre un daguet qui se fit battre dans les bois de Trapes pendant deux heures ; les chiens ayant tourné au change, on les arrêta, quoique sur la voie du cerf de meute ; on sonna la retraite à trois heures.

Désignation des		Dates.	Présence.	Description des Chasses.
Forêt.	Rendez-vous.			
S.t-Germain.	Aux Loges.	Chasse S.t Hubert 2 novemb.	Madame. M.gr le Duc d'Angoulême. M.gr le Duc de Berry. M.e la Duchesse de Berry.	Flocard cadet, Leroux père et Lafeuille, ont laissé courre un cerf dix cors au Grand-Maître, pris aux Ventes-aux-Dames, après une heure de chasse. On attaqua en second un cerf à sa troisième tête, à Vignoles; pris à la barrière des Six-Dieux, après une heure et demie de chasse.
Fontainebleau.	Croix du Grand-Maître.	8 novemb.	M.gr le Duc d'Angoulême. M.gr le Duc de Berry.	M. le Vicomte de Saint-Pern, Flocard cadet, Lafeuille et Lechallier, ont laissé courre un cerf dix cors attaqué au Rocher-Brûlé; il passa le rocher Bernard, le grand chemin de Moret, traversa les Fraillons, longea le mont Audard, retraversa la route de Moret, les sentiers d'Avon, les Placereaux, le rocher Bouligny, le Mont-Merle, le rocher Fourceau, le Grand-Bourbon, le grand chemin de Nemours, la Croix de Saint-Hérem, les Ventes-Emblard et la vallée Jauberton: on revint par les Ventes-Emblard, les Ventes-au-Déluge, le Parc-aux-Boeufs, et les Ventes-à-Galenne; fait son velci-revari et traverse le Parc-aux-Boeufs, le Montoir de Recloses, et fut pris, après deux heures de chasse, aux Ventes-Bourbon.
Idem.	Croix d'Augas.	14 idem.	LL. AA. RR.	Mousquetaire, Delaunay, Charlemagne et Duval, ont laissé courre un cerf dix cors aux buttes Saint-Louis; il se fit battre dans le rocher Saint-Germain, passa à la Table du Grand-Maître, au Cabinet de Monseigneur, aux Ventes-Chapelier, et se fit prendre à la sortie du Bas-Bréau, sur la route de Paris, après trois quarts d'heure de chasse. Au même rapport on attaqua en second, dans la même enceinte, une quatrième tête qui se fit battre dans les Repeuplemens de la Boissière, passa aux Hautes-Loges et aux Ventes Bouchard, traversa le chemin de Melun, les Vieux-Rayons et la Table du Grand-Maître, passa au Cabinet de Monseigneur, au Rocher-Canon, aux Bécassières et aux Ventes du Lis, se fit battre dans la Glandée et la Pommeraye, fit un faux débuché à la Rochette, rentra à la Glandée, et se fit prendre dans l'enceinte du Chêne-au-Chien, après deux heures et un quart de chasse.

Désignation des Forêts	Rendez-vous	Dates	Présence	Description des Chasses
Fontainebleau.	Carrefour de Recloses.	20 novem.	Mgr le Duc d'Angoulême, Mgr le Duc de Berry.	**Mousquetaire, Leroux père, Fanfare et Leroux fils,** on laissé courre un cerf dix cors attaqué au bois des Fourneaux, près de Recloses; il passa au Clos-Héron, aux Ventes de Nemours et aux Grands-Feuillards, traversa le rocher et les Ventes de Trappe-Charette, les Hautes-Plaines, les gorges de Francbard, les buttes de Fontainebleau et de Macherin, les Monts-Girards, les gorges d'Aspremont, Chambois et la grande route de Paris, et se fit prendre, après une heure et un quart de chasse, dans le rocher Cuvier-Châtillon. M. le Comte **de Vienne,** M. le Vicomte **de Saint-Pern, Flocard cadet et Lafeuille,** laissèrent courre en second un cerf dix cors jeunement, attaqué au Montoir de Recloses; il passa les Erables, les Grands-Geneveriers, le Mont-aux-Vbriques, la Cauche-aux-Lièvres, le Rocher et la Mare-aux-Corneilles, les Petites-Maisons, les Grands-Feuillards, les Equisoirs, la Gorge-aux-Arches, la Queue de Vache, la Touche-aux-Mulets, le rocher de Trappe-Charette, les Hautes-Plaines, les Terreaux, les gorges de Francbard près de la Croix, le Chêne-Vbrûlé, le Fourneau-David et les Monts-Girards, où il se fit battre pendant une demi-heure, et prendre ensuite, après deux heures et un quart de chasse et une heure de nuit pleine.
Idem.	Croix du Grand-Maître.	27 idem.	LL. AA. RR.	M. le Comte **de Vienne,** M. le Vicomte **de Saint-Pern, Flocard cadet et Lafeuille,** on laissé courre un cerf dix cors attaqué aux Fraillons; il traversa la grande route de Moret, le Chêne-Feuillu, la Mal-Montagne, les Ventes Héron et le Mont-Merle; il fit son retour, et se fit prendre, après trois quarts d'heure de chasse, sur le rocher Fourceau.
Idem.	Idem.	3 décemb.	LL. AA. RR.	M. le Comte **de Vienne,** M. le Vicomte **de Saint-Pern, Flocard cadet et Lafeuille,** on laissé courre un cerf dix cors attaqué à la plaine du Chêne-Feuillu; il passa à la plaine du Rosoir, à la Mal-Montagne, aux Ventes-Héron, au rocher Fourceau, aux Ventes-Vbourbon, le pavé de Nemours, aux Grandes-Vbruyères, à la Cave-au-Vbrigand, au Montoir de Recloses, au Parc-aux-Vboeufs, aux Ventes-à-Galenne, et se fit prendre à la Mare-aux-Corneilles, après une heure de chasse.

Désignation des		Dates.	Présence.	Description des Chasses.
Forêts.	Rendez-vous.			
Fontainebleau.	Croix de Souvray.	10 décemb.	M.gr le Duc d'Angoulême. M.gr le Duc de Berry.	Flocard cadet et Latrace ont laissé courre un cerf dix cors attaqué aux Barnolets; il passa le chemin d'Achères, les platières des Béorlots, les Equisoirs, la Touche-aux-Mulets, Trappe-Charette, la route Ronde, les Petits-Feuillards, le rocher de la Combe, le Mont-Enflammé, le rocher du Mauvais-Passage, le mont aux Biques, la Cauche-aux-Lièvres, les Ventes-à-Galerne, les Ventes-Lopinot, les Primevères, les Tapisseries, la Justice-de-Bouron, le chemin de Nemours, le bois Chardon; déboucha aux Petites-Bornes, repassa la route de Bleumont et la garenne de Bouron, où il s'est fait prendre, après une heure et demie de chasse.
Idem.	Croix du Grand-Maître.	16 idem.	LL. AA. RR.	Mousquetaire et Lafeuille, ont laissé courre un cerf dix cors attaqué à la Mal-Montagne; il passa aux Hauts-Monts, aux Ventes-Héron, à la Gorge-aux-Loups, aux Ventes-à-la-Reine, le grand chemin de Nemours, les grandes Bruyères, les Érables, le montoir de Recloses, la Cauche-Guillemette, la Cauche-aux-Lièvres, aux Petites-Maisons, au carrefour d'Achères, aux Petits-Feuillards, au rocher de la Salamandre, à Cul-Blanc, aux Ventes-Paillot, aux Hautes-Plaines, aux gorges de Franchard, au Cul-du-Chaudron, à la plaine du Macherin et aux Ventes-Alexandre, où il se fit battre et prendre, après une heure et demie de chasse.
Idem.	Croix de Souvray.	26 idem.	M. le Duc de Berry.	M. le Vicomte de Saint-Pern, Leroux père et Charlemagne, ont fait rapport d'un cerf dix cors attaqué au Nid-du-Corbeau; il passa le chemin d'Ury, le clos Héron, le bois des Seigneurs, aux Barnolets et aux Béorlots; s'accompagna avec cinq cerfs dix cors aux platières d'Achères, et passa aux Grands-Feuillards, où il se fit battre et prendre, après une heure de chasse.

Récapitulation des Cerfs pris aux Chasses à courre en 1816.

Chasses.		Dix cors.	Dix cors jeunement.	Quatrièmes têtes.	Troisièmes têtes.	Deuxièmes têtes.	Daguets.	Totaux.
Janvier…	à Saint-Germain.	2.	//	//	1.	//	//	3.
Février…	à Saint-Germain.	3.	//	//	2.	//	1.	6.
Mars…	à Saint-Germain.	//	//	2.	//	//	1.	3.
	à Meudon.	//	1.	//	//	//	//	1.
Avril…	à Meudon.	//	//	//	//	//	1.	1.
	à Fontainebleau.	2.	//	//	//	//	//	2.
Mai…	à Fontainebleau.	2.	//	//	//	1.	//	3.
Juin…	à Fontainebleau.	1.	//	1.	//	//	//	2.
	à Rambouillet.	//	1.	//	//	//	//	1.
Juillet…	à Rambouillet.	4.	//	//	//	//	//	4.
Août…	à Rambouillet.	3.	1.	//	//	//	//	4.
	à Compiègne.	3.	//	1.	//	//	//	4.
Septembre.	à Compiègne.	7.	1.	1.	//	1.	//	10.
	à Compiègne.	3.	//	//	//	1.	//	4.
Octobre…	à Meudon.	//	//	//	1.	//	//	1.
	à Trappes.	2.	//	//	//	//	//	2.
Novembre	à Saint-Germain.	1.	//	//	1.	//	//	2.
	à Fontainebleau.	4.	1.	1.	//	//	//	6.
Décembre…	à Fontainebleau.	4.	//	//	//	//	//	4.
Totaux…		41.	5.	6.	5.	3.	3.	63.

Houraillemens

faits par les Princes

en 1816.

Houraillemens.

Dates.	Désignation des Houraillemens.	Biches.	Cerfs.	Daims.	Sangliers.	Chevreuils.	Lapins.	Total.
	Forêt de Marly, à la Place Royale.							
19 Février.	Monsieur.	//	//	2.	4.	//	//	6.
	M.ᵍʳ le Duc d'Angoulême.	//	//	//	3.	//	1.	4.
	M.ᵍʳ le Duc de Berry.	1.	1.	1.	3.	//	//	6.
		1.	1.	3.	10.	//	1.	16.
	Même lieu.							
	Monsieur.	1.	//	//	1.	//	//	2.
24 Février.	M.ᵍʳ le Duc d'Angoulême.	//	//	//	3.	//	//	3.
	M.ᵍʳ le Duc de Berry.	1.	1.	//	4.	//	//	6.
	MM. les Officiers accompagnant les Princes.	//	//	//	2.	//	//	2.
		2.	1.	//	10.	//	//	13.
	Forêt de Bondy.							
	Monsieur.	//	//	//	//	1.	//	1.
30 Mars.	M.ᵍʳ le Duc d'Angoulême.	//	//	//	//	//	//	//
	M.ᵍʳ le Duc de Berry.	//	//	1.	//	//	//	1.
		//	//	1.	//	1.	//	2.

23

Dates.	Désignation des Houraillemens.	Espèces et quantité de Pièces tuées.							
		Lièvres.	Faons.	Daines.	Faons de Daine.	Sangliers.	Chevreuils.	Renards.	Total.
	Forêt de Fontainebleau, à la Croix du Grand-Veneur.								
	Monsieur. ——	//	1.	//	//	//	//	//	1.
	Mgr le Duc d'Angoulême. —	//	//	//	//	//	//	//	//
12 Juin.	Mgr le Duc de Berry. —	//	//	//	//	//	//	1.	1.
	MM. les Officiers accompagnant les Princes. ——	//	1.	//	//	//	//	//	1.
		//	2.	//	//	//	//	1.	3.
	Forêt de Compiègne, au Puits du Roi.								
	Monsieur. ——	//	//	1.	1.	//	2.	//	4.
18 Septemb.	Mgr le Duc d'Angoulême.—	1.	//	//	//	8.	1.	//	10.
	Mgr le Duc de Berry. —	//	//	//	//	4.	1.	//	5.
		1.	//	1.	1.	12.	4.	//	19.
	Même lieu.								
21 Idem.	Mgr le Duc de Berry. ——	//	//	//	//	1.	1.	//	2.
	Forêt de Compiègne, aux Mares Saint-Louis.								
26 Idem.	Mgr le Duc d'Angoulême.—	//	//	//	//	2.	//	//	2.
	Mgr le Duc de Berry. ——	//	//	//	//	3.	7.	//	10.
		//	//	//	//	5.	7.	//	12.

Dates.	Désignation des Houraillemens.	Espèces et quantité de Pièces tuées.			
		Lièvres.	Sangliers.	Chevreuils.	Total.
	Forêt de Fontainebleau, au Cabinet de Monseigneur.				
21 Novembre.	Monsieur.	//	10.	//	10.
	Mgr le Duc d'Angoulême.	//	5.	//	5.
	Mgr le Duc de Berry.	//	7.	//	7.
	MM. les Officiers accompagnant les Princes.	//	1.	//	1.
		//	23.	//	23.
	Forêt de Fontainebleau, aux Grands-Feuillards.				
4 Décembre.	Monsieur.	1.	2.	//	3.
	Mgr le Duc d'Angoulême.	1.	5.	//	6.
	Mgr le Duc de Berry.	//	7.	//	7.
	MM. les Officiers accompagnant les Princes.	//	//	1.	1.
		2.	14.	1.	17.

Récapitulation.

	Lièvres.	Lapins.	Biches ou Faons.	Daines.	Faons de Daine.	Sangliers.	Chevreuils.	Renards.	Totaux.
				Espèces et quantité de Pièces tuées.					
Monsieur.	1.	//	2.	3.	1.	17.	3.	//	27.
Mgr le Duc d'Angoulême.	2.	1.	//	//	//	26.	1.	//	30.
Mgr le Duc de Berry.	//	//	4.	2.	//	29.	9.	1.	45.
MM. les Officiers accompagnant les Princes.	//	//	1.	//	//	3.	1.	//	5.
	3.	1.	7.	5.	1.	75.	14.	1.	107.

Tirés

Faits par les Princes

Pendant

la Saison de 1816 à 1817. (*)

(*) Les Tirés de cette Saison ont commencé le 4 Juin 1816, et ont fini le 22 Fevrier 1817.

Espèces et Quantité de Pièces tuées.

Dates.	Désignation des Tirés.	Faisans.	Perdrix rouges.	Perdrix grises.	Cailles.	Bécasses.	Bécassines.	Canards.	Rouges.	Judelles.	Alouettes.
	Saint-Cloud.										
4 Juin.	M.gr le Duc d'Angoulême.	//	//	//	//	//	//	//	//	//	//
	Fontainebleau.										
15 Idem.	M.gr le Duc de Berry. —	//	//	//	//	//	//	//	//	//	//
	Saint-Cloud.										
20 Idem.	M.gr le Duc d'Angoulême.	//	//	//	//	//	//	//	//	//	//
	Saint-Cloud.										
24 Idem.	M.gr le Duc d'Angoulême.	//	//	//	//	//	//	//	//	//	//
	Saint-Cloud.										
29 Idem.	M.gr le Duc d'Angoulême.	//	//	//	//	//	//	//	//	//	//
	Rambouillet.										
5 Juillet.	M.gr le Duc d'Angoulême.	//	//	//	//	//	//	6.	//	//	//
	M.gr le Duc de Berry. —	//	//	1.	//	//	//	6.	//	//	//
		//	//	1.	//	//	//	12.	//	//	//

Dates.	Désignation des Tirés.	Ramiers.	Geais.	Aigle.	Merles.	Hirondelles de mer.	Gros Hubots.	Buses.	Canuchets.	Chouettes.	Hibous.	Crapauds volans.	Lièvres.	Lapins.	Cerfs Daguets.	Faons de Biche.	Faons de Daim.	Sangliers.	Chevreuils.	Totaux.
	Saint-Cloud.																			
4 Juin.	M.gr le Duc d'Angoulême.	//	//	//	//	//	//	//	//	//	//	//	//	6.	//	//	//	//	//	6.
	Fontainebleau.																			
15 Idem.	M.gr le Duc de Berry. —	//	//	//	//	//	//	//	//	//	//	//	//	//	//	//	//	1.	//	1.
	Saint-Cloud.																			
20 Idem.	M.gr le Duc d'Angoulême.	//	//	//	//	//	//	//	//	//	//	//	//	2.	//	//	//	//	//	2.
	Saint-Cloud.																			
24 Idem.	M.gr le Duc d'Angoulême.	//	//	//	//	//	//	//	//	//	//	1.	//	7.	//	//	//	//	//	8.
	Saint-Cloud.																			
29 Idem.	M.gr le Duc d'Angoulême.	//	//	//	//	//	//	//	//	//	//	//	//	9.	//	//	//	//	//	9.
	Rambouillet.																			
5 Juillet.	M.gr le Duc d'Angoulême.	//	//	//	//	//	//	//	//	//	//	//	//	//	//	2.	//	//	//	8.
	M.gr le Duc de Berry. —	//	//	//	//	//	//	//	//	//	//	//	//	//	//	1.	//	//	//	8.
		//	//	//	//	//	//	//	//	//	//	//	//	//	//	3.	//	//	//	16.

Espèces et Quantité de Pièces tuées.

(Le signe « // » marque les colonnes sans pièce.)

Dates.	Désignation des Tirés.	Faisans.	Perdrix rouges.	Perdrix grises.	Cailles.	Bécasses.	Bécassines.	Canards.	Rouges.	Judelles.	Alouettes.
	Étangs de Saclay.										
	Monsieur.	//	//	//	//	//	//	//	1.	//	//
5 Août.	M.gr le Duc de Berry.	//	//	//	//	//	1.	//	//	1.	//
	MM. les Officiers accompagnant les Princes.	//	//	//	//	//	//	1.	//	//	//
		//	//	//	//	//	1.	1.	1.	1.	//
	Saint-Cloud.										
17 Idem.	M.gr le Duc d'Angoulême.	//	//	2.	//	//	//	//	//	//	//
	Vincennes.										
	Monsieur.	//	//	18.	//	//	//	//	//	//	//
	Saint-Cloud.										
19 Idem.	M.gr le Duc d'Angoulême.	//	2.	13.	//	//	//	//	//	//	//
	Meudon.										
	M.gr le Duc de Berry.	//	6.	26.	1.	//	//	//	//	//	//
		//	8.	57.	1.	//	//	//	//	//	//
	Vincennes.										
23 Idem.	Monsieur.	//	//	35.	//	//	//	//	//	//	//

Dates.	Désignation des Tirés.	Ramiers.	Geais.	Aigle.	Merles.	Hirondelles de mer.	Gros Hibous.	Buses.	Chouettes.	Hibous.	Crapauds volans.	Lièvres.	Lapins.	Cerfs Daguets.	Faons de Biche.	Faons de Daim.	Sangliers.	Chevreuils.	Totaux.
	Étangs de Saclay.																		
	Monsieur.	//	//	//	1.	//	//	//	//	//	//	//	//	//	//	//	//	//	2.
5 Août.	M.gr le Duc de Berry.	//	//	//	3.	1.	//	//	//	//	//	//	//	//	//	//	//	//	6.
	MM. les Officiers accompagnant les Princes.	//	//	//	//	//	//	//	//	//	//	//	//	//	//	//	//	//	1.
		//	//	//	4.	1.	//	//	//	//	//	//	//	//	//	//	//	//	9.
	Saint-Cloud.																		
17 Idem.	M.gr le Duc d'Angoulême.	//	//	//	//	//	//	//	//	//	//	//	7.	//	//	//	//	//	9.
	Vincennes.																		
	Monsieur.	//	//	//	//	//	//	//	//	//	//	1.	//	//	//	//	//	//	19.
	Saint-Cloud.																		
19 Idem.	M.gr le Duc d'Angoulême.	//	//	//	//	//	//	//	//	//	//	2.	6.	//	//	//	//	//	23.
	Meudon.																		
	M.gr le Duc de Berry.	//	//	//	//	//	//	//	//	//	//	2.	//	//	//	//	//	//	35.
		//	//	//	//	//	//	//	//	//	//	5.	6.	//	//	//	//	//	77.
	Vincennes.																		
23 Idem.	Monsieur.	//	//	//	//	//	//	//	//	//	//	3.	//	//	//	//	//	//	38.

Espèces et Quantité de Pièces tuées.

Dates.	Désignation des Tirés.	Faisans.	Perdrix rouges.	Perdrix grises.	Cailles.	Bécasses.	Bécassines.	Canards.	Rouges.	Judelles.	Alouettes.	Ramiers.	Geais.	Aigle.	Merles.	Hirondelles de mer.	Gros Hibous.	Buses.	Corneilles.	Chouettes.	Hibous.	Crapauds volans.	Lièvres.	Lapins.	Cerfs Daguets.	Faons de Biche.	Faons de Daim.	Sangliers.	Chevreuils.	Totaux.
23 août.	Saint-Cloud.																													
	M.gr le Duc d'Angoulême.	//	5	15	//	//	//	//	//	//	//	//	//	//	//	//	//	//	//	//	//	//	//	3	//	//	//	//	//	23
	Meudon.																													
	M.gr le Duc de Berry.	//	9	24	//	//	//	//	//	//	//	//	//	//	//	//	//	//	//	//	//	//	1	//	//	//	//	//	1	35
	Meudon.	//	14	39	//	//	//	//	//	//	//	//	//	//	//	//	//	//	//	//	//	//	1	3	//	//	//	//	1	58
26 Idem.	M.gr le Duc de Berry.	//	7	16	//	//	//	//	//	//	//	//	//	//	//	//	//	//	//	//	//	//	2	//	//	//	//	//	//	25
	Vincennes.																													
27 Idem.	Monsieur.	//	//	35	//	//	//	//	//	//	//	//	//	//	//	//	//	//	//	//	//	//	//	1	//	//	//	//	//	36
	Saint-Germain.																													
29 Idem.	Monsieur.	5	1	15	1	//	//	//	//	//	//	//	//	//	//	//	//	//	//	//	//	//	11	191	//	//	//	//	//	224
	M.gr le Duc d'Angoulême.	4	//	20	//	//	//	//	//	//	//	//	//	//	//	//	//	//	//	//	//	//	15	63	//	//	//	//	//	102
	M.gr le Duc de Berry.	4	1	17	1	//	//	//	//	//	//	//	//	//	//	//	//	//	//	//	//	//	11	128	//	//	//	//	//	162
	MM. les Officiers accompagnant les Princes.	1	//	9	//	//	//	//	//	//	//	//	//	//	//	//	//	//	//	//	//	//	6	33	//	//	//	//	//	49
	Saint-Cloud.	14	2	61	2	//	//	//	//	//	//	//	//	//	//	//	//	//	//	//	//	//	43	415	//	//	//	//	//	537
31 Idem.	M.gr le Duc d'Angoulême.	//	//	5	//	//	//	//	//	//	//	//	//	//	//	//	//	//	//	//	//	//	//	3	//	//	//	//	//	8
	Meudon.																													
	M.gr le Duc de Berry.	//	//	11	//	//	//	//	//	//	//	//	//	//	//	//	//	//	//	//	//	//	1	//	//	//	//	//	1	13
		//	//	16	//	//	//	//	//	//	//	//	//	//	//	//	//	//	//	//	//	//	1	3	//	//	//	//	1	21

Espèces et Quantité de Pièces tuées.

Dates.	Désignation des Tirés.	Faisans.	Perdrix rouges.	Perdrix grises.	Cailles.	Bécasses.	Bécassines.	Canards.	Rouges.	Sarcelles.	Alouettes.	Ramiers.	Geais.	Aigle.	Merles.	Hirondelles de mer.	Gros Buhots.	Buses.	Emouchets.	Chouettes.	Hiboux.	Crapauds volans.	Lièvres.	Lapins.	Cerfs Daguets.	Faons de Biche.	Faons de Daim.	Sangliers.	Chevreuils.	Totaux.
	Fremainville.																													
2 Septemb.	Monsieur.	7.	//	28.	1.	//	//	//	//	//	//	//	//	//	//	//	//	//	//	//	//	//	8.	227.	//	//	//	//	//	271.
	M.gr le Duc d'Angoulême.	1.	//	14.	1.	//	//	//	//	//	//	//	//	//	//	//	//	//	//	//	//	//	10.	113.	//	//	//	//	//	139.
	M.gr le Duc de Berry.	3.	3.	23.	2.	//	//	//	//	//	//	//	//	//	//	//	//	//	//	//	//	//	16.	226.	//	//	//	//	//	273.
	MM. les Officiers accompagnant les Princes.	//	//	5.	//	//	//	//	//	//	//	//	//	//	//	//	//	//	//	//	//	//	5.	55.	//	//	//	//	//	65.
		11.	3.	70.	4.	//	//	//	//	//	//	//	//	//	//	//	//	//	//	//	//	//	39.	621.	//	//	//	//	//	748.
	Vincennes.																													
	Monsieur.	//	//	19.	1.	//	//	//	//	//	//	//	//	//	//	//	//	//	//	//	//	//	3.	//	//	//	//	//	//	23.
	Saint-Cloud.																													
6 Idem.	M.gr le Duc d'Angoulême.	1.	5.	4.	//	//	//	//	//	//	//	//	//	//	//	//	//	//	//	//	//	//	2.	10.	//	//	//	//	//	22.
	Meudon.																													
	M.gr le Duc de Berry.	//	3.	7.	//	//	//	//	//	//	//	//	//	//	//	//	//	//	//	//	//	//	3.	//	//	//	//	//	//	13.
		1.	8.	30.	4.	//	//	//	//	//	//	//	//	//	//	//	//	//	//	//	//	//	8.	10.	//	//	//	//	//	58.
	Saint-Cloud.																													
	M.gr le Duc d'Angoulême.	2.	//	9.	//	//	//	//	//	//	//	//	//	//	//	//	//	//	//	//	//	//	4.	10.	//	//	//	//	//	25.
9 Idem.	**Meudon.**																													
	M.gr le Duc de Berry.	//	1.	14.	1.	//	//	//	//	//	//	//	//	//	//	//	//	//	//	//	//	//	2.	//	//	//	//	//	//	18.
		2.	1.	23.	1.	//	//	//	//	//	//	//	//	//	//	//	//	//	//	//	//	//	6.	10.	//	//	//	//	//	43.

Espèces et Quantité de Pièces tuées.

Dates.	Désignation des Tués.	Faisans.	Perdrix rouges.	Perdrix grises.	Cailles.	Bécasses.	Bécassines.	Canards.	Rouges.	Dudettes.	Alouettes.	Ramiers.	Geais.	Aigle.	Merles.	Hirondelles de mer.	Gros Butors.	Butors.	Canochets.	Chouettes.	Hibous.	Crapauds volans.	Lièvres.	Lapins.	Cerfs Daguets.	Faons de Biche.	Faons de Daim.	Sangliers.	Chevreuils.	Totaux.
	Vincennes.																													
11 Septemb.	Monsieur.	1.	//	18.	2.	//	//	//	//	//	//	//	//	//	//	//	//	//	//	//	//	//	3.	//	//	//	//	//	//	24.
	Bagatelle.																													
13 Idem.	M.ᵍʳ le Duc de Berry.	//	//	5.	4.	//	//	//	//	//	//	//	//	//	//	//	//	//	//	//	//	//	//	//	//	//	//	//	//	9.
	Vincennes.																													
	Monsieur.	2.	//	17.	2.	//	//	//	//	//	//	//	//	//	//	//	//	//	//	//	//	//	2.	//	//	//	//	//	//	23.
	Saint-Cloud.																													
14 Idem.	M.ᵍʳ le Duc d'Angoulême.	//	2.	7.	//	//	//	//	//	//	//	//	//	//	//	//	//	//	//	//	//	//	2.	4.	//	//	//	//	//	15.
	Meudon.																													
	M.ᵍʳ le Duc de Berry.	//	1.	13.	2.	//	//	//	//	//	//	//	//	//	//	//	//	//	//	//	//	//	1.	//	//	//	//	//	//	17.
	Carnoi,	2.	3.	37.	4.	//	//	//	//	//	//	//	//	//	//	//	//	//	//	//	//	//	5.	4.	//	//	//	//	//	55.
	à Compiegne.																													
	Monsieur.	21.	2.	91.	//	//	//	//	//	//	//	//	//	//	//	//	//	//	1.	//	//	//	2.	44.	//	//	//	//	//	161.
	M.ᵍʳ le Duc d'Angoulême.	12.	1.	31.	//	//	//	//	//	//	//	//	//	//	//	//	//	//	//	//	//	//	5.	20.	//	//	//	//	2.	71.
17 Idem.	M.ᵍʳ le Duc de Berry.	12.	//	55.	//	//	//	//	//	//	//	//	//	//	//	//	//	//	//	//	//	//	12.	33.	//	//	//	//	5.	117.
	MM. les Officiers accompagnans les Princes.	3.	//	10.	//	//	//	//	//	//	//	//	//	//	//	//	//	//	//	//	//	//	4.	13.	//	//	//	//	3.	33.
		48.	3.	187.	//	//	//	//	//	//	//	//	//	//	//	//	//	//	1.	//	//	//	23.	110.	//	//	//	//	10.	382.

Espèces et Quantité de Pièces tuées.

Dates.	Désignation des Tireurs.	Faisans.	Perdrix rouges.	Perdrix grises.	Cailles.	Bécasses.	Bécassines.	Canards.	Rouges.	Judelles.	Alouettes.	Ramiers.	Geais.	Aigle.	Merles.	Hirondelles de mer.	Gros Butors.	Buses.	Corbeaux.	Chouettes.	Hibous.	Crapauds volans.	Lièvres.	Lapins.	Cerfs Daguets.	Faons de biche.	Faons de Daim.	Sangliers.	Chevreuils.	Totaux.
	Buissonnet, à Compiègne.																													
19 Septemb.	Monsieur.	4.	3.	56.	//	//	//	//	//	//	//	//	//	//	//	//	//	//	//	//	//	//	5.	29.	//	//	//	//	1.	98.
	M.gr le Duc d'Angoulême.	7.	//	38.	//	//	//	//	//	//	//	//	//	//	//	//	//	//	//	//	//	//	2.	17.	//	1.	//	//	1.	66.
	M.gr le Duc de Berry.	5.	3.	50.	//	//	//	//	//	//	//	//	//	//	//	//	//	//	//	//	//	//	4.	18.	//	//	//	//	3.	83.
	MM. les Officiers accompagnant les Princes.	9.	//	23.	//	//	//	//	//	//	//	//	//	//	//	//	//	//	//	//	//	//	1.	23.	//	//	//	//	1.	57.
		25.	6.	167.	//	//	//	//	//	//	//	//	//	//	//	//	//	//	//	//	//	//	12.	87.	//	1.	//	//	6.	304.
	Bagatelle.																													
23 Idem.	M.gr le Duc de Berry.	//	//	4.	1.	//	//	//	//	//	//	//	//	//	//	//	//	//	//	//	//	//	//	//	//	//	//	//	//	5.
	Vincennes.																													
25 Idem.	Monsieur.	1.	//	20.	//	//	//	//	//	//	//	//	//	//	//	//	//	//	//	//	//	//	//	//	//	//	//	//	//	21.
	Berne et Buissonnet, à Compiègne.																													
26 Idem.	M.gr le Duc d'Angoulême.	11.	1.	33.	//	//	//	//	//	//	//	//	//	//	//	//	//	//	//	//	//	//	4.	11.	//	//	//	//	1.	61.
	M.gr le Duc de Berry.	10.	//	52.	//	//	//	//	//	//	//	//	//	//	//	//	//	//	//	//	//	//	6.	6.	//	//	//	//	1.	75.
		21.	1.	85.	//	//	//	//	//	//	//	//	//	//	//	//	//	//	//	//	//	//	10.	17.	//	//	//	//	2.	136.
	Bagatelle.																													
27 Idem.	M.gr le Duc de Berry.	//	//	7.	//	//	//	//	//	//	//	//	//	//	//	//	//	//	//	//	//	//	//	//	//	//	//	//	//	7.

Espèces et Quantité de Pièces tuées.

Dates.	Désignation des Tirés.	Faisans	Perdrix rouges	Perdrix grises	Cailles	Bécasses	Bécassines	Canards	Rouges	Judelles	Alouettes	Ramiers	Geais	Aigle	Merles	Hirondelles de mer	Gros Ululots	Buses	Emouchets	Chouettes	Hibous	Crapauds volans	Lièvres	Lapins	Cerfs Daguets	Faons de Biche	Faons de Daim	Sangliers	Chevreuils	Totaux.
	Marly.																													
	Monsieur.	29.	1.	63.	1.																		33.	4.						131.
28 Septemb.	M.gr le Duc d'Angoulême.	12.		24.																			24.	6.						66.
	M.gr le Duc de Berry.	22.		57.	1.																		38.	2.						120.
	MM. les Officiers accompagnant les Princes.	1.		11.																			20.							32.
		64.	1.	155.	2.																		115.	12.						349.
	Satory.																													
	Monsieur.	14.		48.	7.																		46.	10.					1.	126.
30 Idem.	M.gr le Duc d'Angoulême.	5.		27.																			49.	5.				1.	2.	88.
	M.gr le Duc de Berry.	18.		48.	2.						1.												34.	6.					1.	110.
	MM. les Officiers accompagnant les Princes.	2.		12.																			7.						1.	22.
		39.		135.	9.						1.												136.	21.					5.	346.
	Bagatelle.																													
1.er Octobre.	M.gr le Duc d'Angoulême.			4.	1.																									5.
	M.gr le Duc de Berry.			3.																											3.
				7.	1.																									8.
	Vincennes.																													
3 Idem.	Monsieur.	1.		13.	1.																		1.							16.

Espèces et Quantité de Pièces tuées.

Dates.	Désignation des Tirés.	Faisans.	Perdrix rouges.	Perdrix grises.	Cailles.	Bécasses.	Bécassines.	Canards.	Rouges.	Sarcelles.	Alouettes.	Ramiers.	Geais.	Aigle.	Merles.	Hirondelles de mer.	Gros Hiboux.	Buses.	Canonchets.	Chouettes.	Hiboux.	Crapauds volans.	Lièvres.	Lapins.	Cerfs Daguets.	Faons de biche.	Faons de daim.	Sangliers.	Chevreuils.	Totaux.
	Vivier-Corax, à Compiègne.																													
3 Octobre.	M.gr le Duc d'Angoulême	5		7																			1	6						19
	M.gr le Duc de Berry	6		6																			1	11					1	25
	MM. les Officiers accompagnant les Princes																							2						2
		11		13																			2	19					1	46
	Satory.																													
5 Idem.	Monsieur	5		27	2							1											22	16						73
	M.gr le Duc d'Angoulême			25	1																		27	1					1	55
	M.gr le Duc de Berry	2	1	30	2																		20	5						60
	MM. les Officiers accompagnant les Princes	1		1																			6	1						9
		8	1	83	5							1											75	23					1	197
	Rambouillet.																													
7 Idem.	Monsieur	34	21	75	1																		21	29						181
	M.gr le Duc d'Angoulême	15	19	38																			15	15						102
	M.gr le Duc de Berry	26	21	50											2								43	18					1	161
	MM. les Officiers accompagnant les Princes	7	3	7																			20	11						48
		82	64	170	1										2								99	73					1	492

Espèces et Quantité de Pièces tuées.

Dates.	Désignation des Tirés.	Faisans.	Perdrix rouges.	Perdrix grises.	Cailles.	Bécasses.	Bécassines.	Canards.	Rouges.	Judelles.	Alouettes.	Ramiers.	Geais.	Aigle.	Merles.	Hirondelles de mer.	Gros Hibous.	Buses.	Émouchets.	Chouettes.	Hiboux.	Crapauds volans.	Lièvres.	Lapins.	Cerfs Daguets.	Faons de Biche.	Faons de Daim.	Sangliers.	Chevreuils.	Totaux.
	Fontainebleau.																													
	Monsieur.	9.	8.	"	"	"	"	"	"	"	"	"	"	"	"	"	"	"	"	"	"	"	5.	185.	"	"	"	"	3.	210.
12 Octobre.	M.ᵍʳ le Duc d'Angoulême.	9.	5.	"	"	"	"	"	"	"	"	"	"	"	"	"	"	"	"	"	"	"	8.	117.	"	"	"	"	5.	144.
	M.ᵍʳ le Duc de Berry. —	16.	11.	"	"	"	"	"	"	"	"	"	"	"	"	"	"	"	"	"	"	"	3.	145.	"	"	"	"	7.	182.
	MM. les Officiers accompagnant les Princes. —	8.	7.	"	"	"	"	"	"	"	"	"	"	"	"	"	"	"	"	"	"	"	3.	56.	"	"	"	"	2.	76.
	Marly.	42.	31.	"	"	"	"	"	"	"	"	"	"	"	"	"	"	"	"	"	"	"	19.	503.	"	"	"	"	17.	612.
	Monsieur.	7.	1.	43.	"	"	"	"	"	"	"	"	"	"	"	"	"	"	"	"	"	"	24.	9.	"	"	"	"	"	84.
14 Idem.	M.ᵍʳ le Duc d'Angoulême.	5.	"	35.	"	"	"	"	"	"	"	"	"	"	"	"	"	"	"	"	"	"	17.	2.	"	"	"	"	"	59.
	M.ᵍʳ le Duc de Berry. —	10.	"	24.	"	1.	"	"	"	"	"	"	"	"	"	"	"	"	"	"	"	"	31.	11.	"	"	"	"	"	77.
	MM. les Officiers accompagnant les Princes. —	"	"	11.	"	"	"	"	"	"	"	"	"	"	"	"	"	"	"	"	"	"	4.	1.	"	"	"	"	"	16.
	Saint-Cloud.	22.	1.	113.	"	1.	"	"	"	"	"	"	"	"	"	"	"	"	"	"	"	"	76.	23.	"	"	"	"	"	236.
15 Idem.	M.ᵍʳ le Duc d'Angoulême.	"	3.	4.	"	"	"	"	"	"	"	"	"	"	"	"	"	"	"	"	"	"	1.	4.	"	"	"	"	"	12.
	Rambouillet.																													
	Monsieur.	38.	17.	64.	1.	"	"	"	"	"	"	"	"	"	"	"	"	"	"	"	"	"	20.	41.	"	"	"	"	"	181.
17 Idem.	M.ᵍʳ le Duc d'Angoulême.	13.	13.	44.	"	"	"	"	"	"	"	"	"	"	"	"	"	"	"	"	"	"	10.	13.	"	"	"	"	"	93.
	M.ᵍʳ le Duc de Berry. —	27.	8.	35.	"	"	"	"	"	"	"	"	"	"	"	"	"	"	"	"	"	"	28.	26.	"	"	"	"	"	124.
	MM. les Officiers accompagnant les Princes. —	2.	3.	8.	"	"	"	"	"	"	"	"	"	"	"	"	"	"	"	"	"	"	10.	6.	"	"	"	"	"	29.
		80.	41.	151.	1.	"	"	"	"	"	"	"	"	"	"	"	"	"	"	"	"	"	68.	86.	"	"	"	"	"	427.

Espèces et Quantité de Pièces tuées.

Dates.	Désignation des Tirés.	Faisans.	Perdrix rouges.	Perdrix grises.	Cailles.	Bécasses.	Bécassines.	Canards.	Rouges.	Judelles.	Alouettes.	Ramiers.	Geais.	Aigle.
	Vincennes.													
21 Octobre.	Monsieur.	1.	//	6.	//	//	//	//	//	//	//	//	//	//
	Saint-Cloud.													
	M.ᵍʳ le Duc d'Angoulême.	1.	//	7.	//	//	//	//	//	//	//	//	//	//
	Saint-Cloud.	2.	//	13.	//	//	//	//	//	//	//	//	//	//
24 Idem.	M.ᵍʳ le Duc d'Angoulême.	//	1.	3.	//	//	//	//	//	//	//	//	//	//
	Vincennes.													
26 Idem.	Monsieur.	//	//	6.	//	//	//	//	//	//	//	//	//	//
	Bagatelle.													
	M.ᵍʳ le Duc d'Angoulême.	//	//	3.	//	//	//	//	//	//	//	//	//	//
	M.ᵍʳ le Duc de Berry.	//	//	1.	//	//	//	//	//	//	//	//	//	//
		//	//	10.	//	//	//	//	//	//	//	//	//	//
	Saint-Cloud.													
29 Idem.	M.ᵍʳ le Duc d'Angoulême.	//	//	5.	//	//	//	//	//	//	//	//	//	//

Dates.	Désignation des Tirés.	Merles.	Hirondelles de mer.	Gros Vautors.	Buses.	Émouchets.	Chouettes.	Hiboux.	Crapauds volans.	Lièvres.	Lapins.	Cerfs Daguets.	Faons de Biche.	Faons de Daim.	Sangliers.	Écureuils.	Totaux.
	Vincennes.																
21 Octobre.	Monsieur.	//	//	//	//	//	//	//	//	6.	//	//	//	//	//	//	13.
	Saint-Cloud.																
	M.ᵍʳ le Duc d'Angoulême.	//	//	//	1.	//	//	//	//	4.	21.	//	//	//	//	//	34.
	Saint-Cloud.	//	//	//	1.	//	//	//	//	10.	21.	//	//	//	//	//	47.
24 Idem.	M.ᵍʳ le Duc d'Angoulême.	//	//	//	//	//	//	//	//	5.	11.	//	//	//	//	//	20.
	Vincennes.																
26 Idem.	Monsieur.	//	//	//	//	//	//	//	//	3.	2.	//	//	1.	//	//	12.
	Bagatelle.																
	M.ᵍʳ le Duc d'Angoulême.	//	//	//	//	//	//	//	//	//	//	//	//	//	//	//	3.
	M.ᵍʳ le Duc de Berry.	//	//	//	//	//	//	//	//	1.	//	//	//	//	//	//	2.
		//	//	//	//	//	//	//	//	4.	2.	//	//	1.	//	//	17.
	Saint-Cloud.																
29 Idem.	M.ᵍʳ le Duc d'Angoulême.	//	//	//	//	//	//	//	//	1.	6.	//	//	//	//	//	12.

Espèces et Quantité de Pièces tuées.

Dates.	Désignation des Tirés.	Faisans.	Perdrix rouges.	Perdrix grises.	Cailles.	Bécasses.	Bécassines.	Canards.	Rouges.	Sarcelles.	Alouettes.	Ramiers.	Geais.	Aigle.	Merles.	Hirondelles de mer.	Gros Butors.	Buses.	Emouchets.	Chouettes.	Hiboux.	Crapauds volans.	Lièvres.	Lapins.	Cerfs Daguets.	Faons de Biche.	Faons de Daim.	Sangliers.	Chevreuils.	Totaux.
	Rambouillet.																													
30 Octobre.	Monsieur.	3.	4.	16.	//	//	//	//	//	//	//	//	//	//	//	//	//	//	//	//	//	//	16.	7.	//	//	//	//	//	46.
	M. le Duc de Cambridge.	6.	3.	13.	//	//	//	//	//	//	//	//	//	//	//	//	//	//	//	//	//	//	8.	10.	//	//	//	//	//	40.
	M.ᵍʳ le Duc d'Angoulême.	1.	7.	14.	//	//	//	//	//	//	//	//	1.	//	//	//	//	//	//	//	//	//	16.	5.	//	//	//	//	//	44.
	M.ᵍʳ le Duc de Berry.	6.	11.	12.	//	//	//	//	//	//	//	//	//	//	//	//	//	//	//	//	//	//	19.	13.	//	//	//	//	//	61.
	Saint-Cloud.	16.	25.	55.	//	//	//	//	//	//	//	//	1.	//	//	//	//	//	//	//	//	//	59.	35.	//	//	//	//	//	191.
7 Novemb.	M.ᵍʳ le Duc d'Angoulême.	//	3.	2.	1.	//	//	//	//	//	//	//	//	//	//	//	//	1.	//	//	//	//	4.	13.	//	//	//	//	//	24.
	Vincennes.																													
8 Idem.	Monsieur.	//	//	10.	//	//	//	//	//	//	//	//	//	//	//	//	//	//	//	//	//	//	2.	//	//	//	//	//	1.	13.
	Saint-Germain, à Fremainville.																													
11 Idem.	Monsieur.	//	1.	//	//	//	//	//	//	//	//	//	//	//	//	//	//	//	//	//	//	//	13.	174.	//	//	//	//	//	188.
	M. le Duc de Cambridge.	//	1.	//	//	//	//	//	//	//	//	//	//	//	//	//	//	//	//	//	//	//	9.	122.	//	//	//	//	//	132.
	M.ᵍʳ le Duc d'Angoulême.	//	//	3.	//	//	//	//	//	//	//	//	//	//	//	//	//	//	//	//	//	//	10.	174.	//	//	//	//	//	187.
	M.ᵍʳ le Duc de Berry.	//	3.	2.	//	//	//	//	//	//	//	//	//	//	//	//	//	//	//	//	//	//	9.	188.	//	//	//	//	//	202.
	Saint-Cloud.	//	5.	5.	//	//	//	//	//	//	//	//	//	//	//	//	//	//	//	//	//	//	41.	658.	//	//	//	//	//	709.
13 Idem.	M.ᵍʳ le Duc d'Angoulême.	//	2.	3.	//	//	//	//	//	//	//	//	//	//	//	//	//	//	//	//	//	//	1.	20.	//	//	//	//	//	26.

Dates.	Désignation des Tirés.	Faisans.	Perdrix rouges.	Perdrix grises.	Cailles.	Bécasses.	Bécassines.	Canards.	Rouges.	Sarcelles.	Alouettes.	Ramiers.	Geais.	Aigle.	Merles.	Hirondelles de mer.	Gros Butors.	Butors.	Canebets.	Bouettes.	Hiboux.	Crapauds volans.	Lièvres.	Lapins.	Cerfs Daguets.	Faons de Biche.	Faons de Daim.	Sangliers.	Chevreuils.	Totaux.
	Vincennes.																													
14 Novem.	Monsieur.	//	//	4.	//	1.	//	//	//	//	//	//	//	//	//	//	//	//	//	//	//	//	8.	//	//	//	//	//	//	13.
	Parquer d'Avon, à Fontainebleau.																													
15 Idem.	M.gr le Duc d'Angoulême.	//	//	//	//	//	//	//	//	//	//	//	//	//	//	//	//	//	//	//	//	//	//	122.	//	//	//	//	//	122.
	M.gr le Duc de Berry.	//	//	//	//	//	//	//	//	//	//	//	//	//	//	//	//	//	//	//	//	//	1.	158.	//	//	//	//	//	159.
	MM. les Officiers accompagnant les Princes.	//	//	//	//	//	//	//	//	//	//	//	//	//	//	//	//	//	//	//	//	//	//	77.	//	//	//	//	//	77.
		//	//	//	//	//	//	//	//	//	//	//	//	//	//	//	//	//	//	//	//	//	1.	357.	//	//	//	//	//	358.
	Saint-Cloud.																													
16 Idem.	M.gr le Duc d'Angoulême.	//	//	//	//	//	//	//	//	//	//	//	//	//	//	//	//	//	//	//	//	//	//	18.	//	//	//	//	//	18.
	Grand Parquer, à Fontainebleau.																													
22 Idem.	Monsieur.	8.	5.	//	//	//	//	//	//	//	//	//	//	//	//	//	//	//	//	//	//	5.	6.	//	//	//	//	5.	29.
	M.gr le Duc d'Angoulême.	9.	4.	//	//	//	//	//	//	//	//	//	//	//	//	//	//	//	//	//	//	2.	5.	//	//	//	//	4.	24.
	M.gr le Duc de Berry.	7.	7.	//	//	//	//	//	//	//	//	//	//	//	//	//	//	//	//	//	//	7.	2.	//	//	//	//	9.	32.
	MM. les Officiers accompagnant les Princes.	5.	5.	//	//	//	//	//	//	//	//	//	//	//	//	//	//	//	//	//	//	6.	//	//	//	//	//	2.	18.
		29.	21.	//	//	//	//	//	//	//	//	//	//	//	//	//	//	//	//	//	//	20.	13.	//	//	//	//	20.	103.

Espèces et Quantité de Pièces tuées.

Dates.	Désignation des Tireurs.	Faisans.	Perdrix rouges.	Perdrix grises.	Cailles.	Bécasses.	Bécassines.	Canards.	Rouges.	Sarcelles.	Alouettes.	Ramiers.	Geais.	Aigle.	Merles.	Hirondelles de mer.	Gros Butors.	Buses.	Emouchets.	Chouettes.	Hiboux.	Crapauds volans.	Lièvres.	Lapins.	Cerfs-Daguets.	Faons de Biche.	Faons de Daim.	Sangliers.	Chevreuils.	Totaux.
	Meudon.																													
25 Novem.	M.gr le Duc de Berry.—	//	//	1.	//	//	1.	//	//	//	//	//	//	//	//	//	//	//	//	//	//	//	1.	//	//	//	//	//	//	3.
	Vincennes.																													
26 Idem.	Monsieur.	//	//	1.	//	//	//	//	//	//	//	//	//	//	//	//	//	//	//	//	//	//	8.	1.	//	//	1.	//	//	11.
	Saint-Cloud.																													
	M.gr le Duc d'Angoulême.	//	//	1.	//	1.	//	//	//	//	//	//	//	//	//	//	//	//	//	//	//	//	4.	44.	//	//	//	//	//	50.
	Saint-Germain,	//	//	2.	//	1.	//	//	//	//	//	//	//	//	//	//	//	//	//	//	//	//	12.	45.	//	//	1.	//	//	61.
	à Frémainville.																													
29 Idem.	Monsieur.	//	//	//	//	1.	//	//	//	//	//	//	//	//	//	//	//	//	//	//	//	//	9.	293.	//	//	//	//	//	303.
	M.gr le Duc d'Angoulême.	//	1.	1.	//	//	//	//	//	//	//	//	//	//	//	//	//	//	//	//	//	//	11.	212.	//	//	//	//	//	225.
	M.gr le Duc de Berry.—	//	//	//	//	//	//	//	//	//	//	//	//	//	//	//	//	//	//	//	//	//	13.	273.	//	//	//	//	//	286.
	MM. les Officiers accompagnant les Princes.	//	//	//	//	//	//	//	//	//	//	//	//	//	//	//	//	//	//	//	//	//	12.	138.	//	//	//	//	//	150.
		//	1.	1.	//	1.	//	//	//	//	//	//	//	//	//	//	//	//	//	//	//	//	45.	916.	//	//	//	//	//	964.
	Saint-Cloud.																													
2 Décemb.	M.gr le Duc d'Angoulême.	//	//	//	//	//	//	//	//	//	//	//	//	//	//	//	//	//	//	//	//	//	1.	40.	//	//	//	//	//	41.

Espèces et Quantité de Pièces tuées.

Dates.	Désignation des Tirés.	Faisans.	Perdrix rouges.	Perdrix grises.	Cailles.	Bécasses.	Bécassines.	Canards.	Rouges.	Sarcelles.	Alouettes.	Ramiers.	Geais.	Aigle.	Merles.
	Fontainebleau, à la Plaine de Sermaise.														
6 Décemb.	Monsieur.	1	2	"	"	"	"	"	"	"	"	"	"	"	"
	M.gr le Duc d'Angoulême.	"	1	"	"	"	"	"	"	"	"	"	"	"	"
	MM. les Officiers accompagnant les Princes.	"	"	"	"	"	"	"	"	"	"	"	"	"	"
		1	3	"	"	"	"	"	"	"	"	"	"	"	"
	Meudon.														
10 Idem.	M.gr le Duc de Berry.	"	"	"	"	"	"	"	"	"	"	"	"	"	"
	Vincennes.														
11 Idem.	Monsieur.	"	"	"	"	"	"	"	"	"	"	"	"	"	"
	Fontainebleau, au Parquet d'Avon.														
	M.gr le Duc d'Angoulême.	"	"	"	"	"	"	"	"	"	"	"	"	"	"
	MM. les Officiers accompagnant les Princes.	"	"	"	"	"	"	"	"	"	"	"	"	"	"
		"	"	"	"	"	"	"	"	"	"	"	"	"	"

Dates.	Désignation des Tirés.	Hirondelles de mer.	Gros Butors.	Buses.	Cnouchets.	Chouettes.	Hiboux.	Crapauds volans.	Lièvres.	Lapins.	Cerfs Daguets.	Faons de Biche.	Faons de Daim.	Sangliers.	Chevreuils.	Totaux.
	Fontainebleau, à la Plaine de Sermaise.															
6 Décemb.	Monsieur.	"	"	"	"	"	"	"	2	87	"	"	"	"	"	92
	M.gr le Duc d'Angoulême.	"	"	"	"	"	"	"	2	58	"	"	"	"	"	61
	MM. les Officiers accompagnant les Princes.	"	"	"	"	"	"	"	1	34	"	"	"	"	"	35
		"	"	"	"	"	"	"	5	179	"	"	"	"	"	188
	Meudon.															
10 Idem.	M.gr le Duc de Berry.	"	"	"	"	"	"	1	"	"	"	"	"	"	1	2
	Vincennes.															
11 Idem.	Monsieur.	"	"	"	"	"	"	"	2	2	"	"	"	"	"	4
	Fontainebleau, au Parquet d'Avon.															
	M.gr le Duc d'Angoulême.	"	"	"	"	"	"	"	"	155	"	"	"	"	"	155
	MM. les Officiers accompagnant les Princes.	"	"	"	"	"	"	"	"	61	"	"	"	"	"	61
		"	"	"	"	"	"	"	2	218	"	"	"	"	"	220

Espèces et Quantité de Pièces tuées.

Date.	Désignation des Tirés.	Faisans.	Perdrix rouges.	Perdrix grises.	Cailles.	Bécasses.	Bécassines.	Canards.	Rouges.	Sarcelles.	Alouettes.	Ramiers.	Geais.	Aigle.
	Rambouillet.													
	Monsieur.	6.	17.	20.	//	//	//	//	//	//	//	//	//	//
	M.gr le Duc d'Angoulême.	5.	7.	13.	//	//	//	//	//	//	//	//	//	//
14 Decemb.	M.gr le Duc de Berry.	4.	7.	3.	//	//	//	//	//	//	//	//	//	//
	MM. les Officiers accompagnant les Princes.	2.	3.	2.	//	//	//	//	//	//	//	//	//	//
		17.	34.	38.	//	//	//	//	//	//	//	//	//	//
	Saint-Cloud.													
19 Idem.	M.gr le Duc d'Angoulême.	//	//	//	//	//	//	//	//	//	//	//	//	//
	Saint-Cloud.													
21 Idem.	M.gr le Duc d'Angoulême.	//	//	//	//	2.	//	//	//	//	//	//	//	//
	Bagatelle.													
23 Idem.	M.gr le Duc d'Angoulême.	//	//	2.	//	//	//	//	//	//	//	//	//	//
	M.gr le Duc de Berry.	//	//	1.	//	//	//	//	//	//	//	//	//	//
		//	//	3.	//	//	//	//	//	//	//	//	//	//
	Saint-Cloud.													
24 Idem.	M.gr le Duc d'Angoulême.	//	//	//	//	//	//	//	//	//	//	//	//	//

Date.	Désignation des Tirés.	Merles.	Hirondelles de mer.	Gros Vautours.	Vibces.	Cnonchets.	Chouettes.	Hiboux.	Crapauds volans.	Lièvres.	Lapins.	Cerfs Daguets.	Faons de Biche.	Faons de Daim.	Sangliers.	Chevreuils.	Totaux.
	Rambouillet.																
	Monsieur.	//	//	//	//	//	//	//	//	9.	37.	//	//	//	//	//	89.
	M.gr le Duc d'Angoulême.	//	//	//	//	//	//	//	//	14.	13.	//	//	//	//	//	52.
14 Decemb.	M.gr le Duc de Berry.	//	//	//	//	//	//	//	//	23.	14.	//	//	//	//	//	51.
	MM. les Officiers accompagnant les Princes.	//	//	//	//	//	//	//	//	9.	9.	//	//	//	//	//	25.
		//	//	//	//	//	//	//	//	55.	73.	//	//	//	//	//	217.
	Saint-Cloud.																
19 Idem.	M.gr le Duc d'Angoulême.	//	//	//	//	//	//	//	//	2.	31.	//	//	//	//	//	33.
	Saint-Cloud.																
21 Idem.	M.gr le Duc d'Angoulême.	//	//	//	//	//	//	//	//	//	36.	//	//	//	//	//	38.
	Bagatelle.																
23 Idem.	M.gr le Duc d'Angoulême.	//	//	//	//	//	//	//	//	//	//	//	//	//	//	//	2.
	M.gr le Duc de Berry.	//	//	//	//	//	//	//	//	//	//	//	//	//	//	//	1.
		//	//	//	//	//	//	//	//	//	//	//	//	//	//	//	3.
	Saint-Cloud.																
24 Idem.	M.gr le Duc d'Angoulême.	//	//	//	//	//	//	//	//	2.	25.	//	//	//	//	//	27.

Espèces et Quantité de Pièces tuées.

Date	Désignation des Tirés	Faisans	Perdrix rouges	Perdrix grises	Cailles	Bécasses	Bécassines	Canards	Rouge	Sarcelles	Alouettes	Ramiers	Geais	Aigle	Merles	Hirondelles de mer	Gros Hibous	Buses	Cartouches	Chouettes	Hibous	Crapauds volans	Lièvres	Lapins	Cerfs Daguets	Faons de biche	Faons de Daim	Sangliers	Chevreuils	Totaux
	Saint-Germain, Au Mail de Conflans.																													
28 Décemb.	Monsieur.	//	1.	//	//	//	//	//	//	//	//	//	//	//	//	//	//	//	//	//	//	//	//	373.	//	//	//	//	//	374.
	M.gr le Duc d'Angoulême.	//	//	//	//	//	//	//	//	//	//	//	//	//	//	//	//	//	//	//	//	//	//	256.	//	//	//	//	//	256.
	M.gr le Duc de Berry.	//	1.	//	//	//	//	//	//	//	//	//	//	//	//	//	//	//	//	//	//	//	3.	276.	//	//	//	//	//	280.
	MM. les Officiers accompagnant les Princes.	//	1.	1.	//	//	//	//	//	//	//	//	//	//	//	//	//	//	//	//	//	//	//	142.	//	//	//	//	//	144.
	Saint-Cloud.	//	3.	1.	//	//	//	//	//	//	//	//	//	//	//	//	//	//	//	//	//	//	3.	1,047.	//	//	//	//	//	1,054.
31 Idem.	M.gr le Duc d'Angoulême.	//	//	2.	//	//	//	//	//	//	//	//	//	//	//	//	//	//	//	//	//	//	1.	30.	//	//	//	//	//	33.
	M. le Comte d'Osmond.	//	//	//	//	//	//	//	//	//	//	//	//	//	//	//	//	//	//	//	//	//	//	8.	//	//	//	//	//	8.
	Saint-Cloud.	//	//	2.	//	//	//	//	//	//	//	//	//	//	//	//	//	//	//	//	//	//	1.	38.	//	//	//	//	//	41.
3 Janvier.	M.gr le Duc d'Angoulême.	//	//	1.	//	//	//	//	//	//	//	//	//	//	//	//	//	//	//	//	//	//	1.	13.	//	//	//	//	//	15.
	MM. les Officiers accompagnant les Princes.	//	//	//	//	//	//	//	//	//	//	//	//	//	//	//	//	//	//	//	//	//	//	4.	//	//	//	//	//	4.
	Saint-Germain, Au Mail de Conflans.	//	//	1.	//	//	//	//	//	//	//	//	//	//	//	//	//	//	//	//	//	//	1.	17.	//	//	//	//	//	19.
4 Idem.	Monsieur.	//	//	2.	//	//	//	//	//	//	//	//	//	//	1.	//	//	//	//	//	//	//	//	294.	//	//	//	//	//	297.
	M.gr le Duc d'Angoulême.	//	//	1.	//	//	//	//	//	//	//	//	//	//	//	//	//	//	//	//	//	//	//	171.	//	//	//	//	//	172.
	MM. les Officiers accompagnant les Princes.	//	//	//	//	//	//	//	//	//	//	//	//	//	//	//	//	//	//	//	//	//	//	174.	//	//	//	//	//	174.
		//	//	3.	//	//	//	//	//	//	//	//	//	//	1.	//	//	//	//	//	//	//	//	639.	//	//	//	//	//	643.

Espèces et Quantité de Pièces tuées.

Dates.	Désignation des Tirés.	Faisans.	Perdrix rouges.	Perdrix grises.	Cailles.	Bécasses.	Bécassines.	Canards.	Rouges.	Sarcelles.	Alouettes.	Ramiers.	Geais.	Aigle.	Merles.	Hirondelles de mer.	Gros Butors.	Buses.	Émoucherets.	Chouettes.	Hibous.	Ouprauds volans.	Lièvres.	Lapins.	Cerfs Daguets.	Faons de Biche.	Faons de Daim.	Sangliers.	Chevreuils.	Totaux.
	Vincennes.																													
	Monsieur.	//	//	12.	//	//	//	//	//	//	//	//	//	//	//	//	//	//	//	//	//	//	11.	8.	//	//	//	//	//	31.
7 Janvier.	**Saint-Cloud.**																													
	M.gr le Duc d'Angoulême.	//	//	2.	//	//	//	//	//	//	//	//	//	//	//	//	//	//	//	//	//	//	1.	53.	//	//	//	//	//	56.
	MM. les Off.rs acc.t les Princes.	//	//	1.	//	//	//	//	//	//	//	//	//	//	//	//	//	//	//	//	//	//	//	10.	//	//	//	//	//	11.
	Bois de Boulogne.	//	//	3.	//	//	//	//	//	//	//	//	//	//	//	//	//	//	//	//	//	//	1.	63.	//	//	//	//	//	67.
	M.gr le Duc d'Angoulême.	//	//	1.	//	//	//	//	//	//	//	//	//	//	//	//	//	//	//	//	//	//	1.	//	//	//	//	//	//	2.
9 Idem.	**Bagatelle.**																													
	M.gr le Duc de Berry.	//	//	//	//	//	//	//	//	//	//	//	//	//	//	//	//	//	//	//	//	//	2.	//	//	//	//	//	//	2.
	Saint-Germain, aux Loges.																													
11 Idem.	Monsieur.	//	//	//	//	//	//	//	//	//	//	//	//	//	//	//	//	//	//	//	//	//	//	4.	//	//	//	//	2.	6.
	M.gr le Duc d'Angoulême.	//	//	//	//	//	//	//	//	//	//	//	//	//	//	//	//	//	//	//	//	//	//	4.	//	//	//	//	1.	5.
	M.gr le Duc de Berry.	1.	//	//	//	//	//	//	//	//	//	//	//	//	//	//	//	//	//	//	//	//	//	3.	//	//	//	//	//	4.
	MM. les Off.rs acc.t les Princes.	//	//	//	//	//	//	//	//	//	//	//	//	//	//	//	//	//	//	//	//	//	//	3.	//	//	//	//	1.	4.
	Bois de Boulogne.	1.	//	//	//	//	//	//	//	//	//	//	//	//	//	//	//	//	//	//	//	//	//	14.	//	//	//	//	4.	19.
	M.gr le Duc d'Angoulême.	//	//	5.	//	//	//	//	//	//	//	//	//	//	//	//	//	//	//	//	//	//	//	//	//	//	//	//	//	5.
13 Idem.	**Bagatelle.**																													
	M.gr le Duc de Berry.	//	//	7.	1.	//	//	//	//	//	//	//	//	//	//	//	//	//	//	//	//	//	//	3.	//	//	//	//	//	11.

Espèces et Quantité de Pièces tuées.

Dates.	Désignation des Tireurs.	Faisans	Perdrix rouges	Perdrix grises	Cailles	Bécasses	Bécassines	Canards	Rouges	Judelles	Alouettes	Ramiers	Geais	Aigle	Merles	Hirondelles de mer	Gros Butors	Buses	Émouchets	Chouettes	Hiboux	Grands corbeaux	Lièvres	Lapins	Cerfs Daguets	Faons de Biche	Faons de Daim	Sangliers	Chevreuils	Totaux.
	Fontainebleau.																													
18 Janvier.	Mgr le Duc de Berry.	//	//	//	//	//	//	//	//	//	//	//	//	1.	//	//	//	//	//	//	//	//	//	//	//	//	//	//	//	1.
	Saint-Germain, à l'Étoile de la Porte-Verte.																													
19 Idem.	Monsieur.	1.	//	//	//	//	//	//	//	//	//	//	//	//	//	//	//	//	//	//	//	//	//	63.	1.	//	//	//	1.	66.
	Mgr le Duc d'Angoulême.	//	//	//	//	//	//	//	//	//	//	//	//	//	//	//	//	//	1.	//	//	//	//	53.	//	//	//	//	//	54.
	MM. les Officiers accompagnant les Princes.	//	//	//	//	//	//	//	//	//	//	//	//	//	//	//	//	//	//	//	//	//	1.	77.	//	//	//	//	2.	80.
	Vincennes.	1.	//	//	//	//	//	//	//	//	//	//	//	//	//	//	//	//	1.	//	//	//	1.	193.	1.	//	//	//	3.	200.
20 Idem.	Monsieur.	//	//	//	//	//	//	//	//	//	//	//	//	//	//	//	//	//	//	//	//	//	7.	4.	//	//	//	//	3.	14.
	Compiègne, à la Faisanderie.																													
25 Idem.	Monsieur.	24.	//	1.	//	//	//	//	//	//	//	//	//	//	//	//	//	//	//	//	//	//	1.	26.	//	//	//	//	1.	53.
	Mgr le Duc d'Angoulême.	24.	//	1.	//	//	//	//	//	//	//	//	//	//	//	//	//	//	//	//	//	//	2.	26.	//	//	//	//	2.	55.
	M. le Duc de Wellington.	9.	//	1.	//	//	//	//	//	//	//	//	//	//	//	//	//	//	//	//	//	//	5.	7.	//	//	//	//	3.	25.
	MM. les Officiers accompagnant les Princes.	5.	//	//	//	//	//	//	//	//	//	//	//	//	//	//	//	//	//	//	//	//	//	1.	//	//	//	//	2.	8.
		62.	//	3.	//	//	//	//	//	//	//	//	//	//	//	//	//	//	//	//	//	//	8.	60.	//	//	//	//	8.	141.

Espèces et Quantité de Pièces tuées.

Dates	Désignation des Tirés	Faisans	Perdrix rouges	Perdrix grises	Cailles	Bécasses	Bécassines	Canards	Rouges	Sarcelles	Alouettes	Ramiers	Geais	Aigle	Merles	Hirondelles de mer	Gros Butors	Buses	Emouchets	Chouettes	Hiboux	Crapauds volans	Lièvres	Lapins	Cerfs Daguets	Faons de Biche	Faons de Daim	Sangliers	Chevreuils	Totaux
	Saint-Germain, à la Croix de Noailles.																													
1.er Février.	Monsieur.	1	»	1	»	1	»	»	»	»	»	»	1	»	»	»	»	1	»	»	»	3	93	»	»	»	»	»	1	102
	M.gr le Duc d'Angoulême.	»	»	»	»	»	»	»	»	»	»	»	1	»	»	»	»	»	»	»	»	»	87	»	»	»	»	»	»	88
	M.gr le Duc de Berry.	2	»	»	»	»	»	»	»	»	»	»	»	»	»	»	»	»	»	»	»	»	45	»	»	»	»	»	1	48
	MM. les Officiers accompagnant les Princes.	»	»	»	»	»	»	»	»	»	»	»	»	»	»	»	»	»	»	»	»	»	22	»	»	»	»	»	1	23
		3	»	1	»	1	»	»	»	»	»	»	2	»	»	»	»	1	»	»	»	3	247	»	»	»	»	»	3	261
	Saint-Cloud.																													
3 Idem.	M.gr le Duc d'Angoulême.	»	»	»	1	»	»	»	»	»	»	»	»	»	»	»	»	»	»	»	»	»	8	»	»	»	»	»	»	9
	MM. les Officiers accompagnant les Princes.	»	»	»	1	»	»	»	»	»	»	»	»	»	»	»	»	»	»	»	»	»	2	»	»	»	»	»	»	3
		»	»	»	2	»	»	»	»	»	»	»	»	»	»	»	»	»	»	»	»	»	10	»	»	»	»	»	»	12
	Saint-Germain, à la Butte du Houx.																													
8 Idem.	Monsieur.	1	»	»	»	»	»	»	»	»	»	»	»	»	»	»	»	»	»	»	»	2	85	»	»	»	»	»	1	89
	M.gr le Duc d'Angoulême.	»	»	»	»	»	»	»	»	»	»	»	»	»	»	»	»	»	»	»	»	2	45	»	»	»	»	»	4	51
	M.gr le Duc de Berry.	»	»	»	»	»	»	»	»	»	»	»	»	»	»	»	»	»	»	»	»	1	47	»	»	»	»	»	»	48
	MM. les Officiers accompagnant les Princes.	»	»	»	»	»	»	»	»	»	»	»	»	»	»	»	»	»	»	»	»	2	8	»	»	»	»	»	»	10
		1	»	»	»	»	»	»	»	»	»	»	»	»	»	»	»	»	»	»	»	7	185	»	»	»	»	»	5	198

Espèces et Quantité de Pièces tuées.

Dates.	Désignation des Tirés.	Faisans.	Perdrix rouges.	Perdrix grises.	Cailles.	Bécasses.	Bécassines.	Canards.	Rouges.	Sarcelles.	Alouettes.	Ramiers.	Geais.	Aigle.	Merles.
	Saint-Cloud.														
10 Février.	M.gr le Duc d'Angoulême.	//	//	//	//	1.	//	//	//	//	//	//	//	//	//
	MM. les Officiers accompagnant les Princes.	//	//	//	//	//	//	//	//	//	//	//	//	//	//
		//	//	//	//	1.	//	//	//	//	//	//	//	//	//
	Fontainebleau.														
13 Idem.	M.gr le Duc d'Angoulême.	//	//	//	//	//	//	//	//	//	//	//	//	//	//
	Saint-Cloud.														
17 Idem.	M.gr le Duc d'Angoulême.	//	//	//	//	//	//	//	//	//	//	//	//	//	//
	MM. les Officiers accompagnant les Princes.	//	//	//	//	//	//	//	//	//	//	//	//	//	//
		//	//	//	//	//	//	//	//	//	//	//	//	//	//
	Marly.														
22 Idem.	Monsieur.	//	//	//	//	//	//	//	//	//	//	//	//	//	//
	M.gr le Duc d'Angoulême.	//	//	//	//	//	//	//	//	//	//	//	//	//	//
	M.gr le Duc de Berry.	//	//	//	//	//	//	//	//	//	//	//	//	//	//
	MM. les Officiers accompagnant les Princes.	//	//	//	//	//	//	//	//	//	//	//	//	//	//
		//	//	//	//	//	//	//	//	//	//	//	//	//	//

Dates.	Désignation des Tirés.	Hirondelles de mer.	Gros Hiboux.	Buses.	Emouchets.	Chouettes.	Hiboux.	Crapauds volans.	Lièvres.	Lapins.	Cerfs Daguets.	Faons de biche.	Faons de Daim.	Sangliers.	Chevreuils.	Totaux.
	Saint-Cloud.															
10 Février.	M.gr le Duc d'Angoulême.	//	//	//	//	//	//	//	//	7.	//	//	//	//	//	8.
	MM. les Officiers accompagnant les Princes.	//	//	//	//	//	//	//	//	5.	//	//	//	//	//	5.
		//	//	//	//	//	//	//	//	12.	//	//	//	//	//	13.
	Fontainebleau.															
13 Idem.	M.gr le Duc d'Angoulême.	//	//	//	//	//	//	//	//	//	//	//	//	2.	//	2.
	Saint-Cloud.															
17 Idem.	M.gr le Duc d'Angoulême.	//	//	//	//	//	//	//	//	4.	//	//	//	//	//	4.
	MM. les Officiers accompagnant les Princes.	//	//	//	//	//	//	//	//	3.	//	//	//	//	//	3.
		//	//	//	//	//	//	//	//	7.	//	//	//	//	//	7.
	Marly.															
22 Idem.	Monsieur.	//	//	//	//	//	//	//	//	//	//	//	//	1.	//	1.
	M.gr le Duc d'Angoulême.	//	//	//	//	//	//	//	//	1.	//	//	//	//	//	1.
	M.gr le Duc de Berry.	//	//	//	//	//	//	//	//	//	//	//	//	2.	//	2.
	MM. les Officiers accompagnant les Princes.	//	//	//	//	//	//	//	//	//	//	//	//	//	//	//
		//	//	//	//	//	//	//	//	1.	//	//	//	3.	//	4.

Récapitulation.

Espèces et Quantité de Pièces tuées.

	Faisans	Perdrix rouges	Perdrix grises	Cailles	Bécasses	Bécassines	Canards	Rouges	Judelles	Alouettes	Ramiers	Geais	Aigle	Merles	Hirondelles de mer	Gros Hibous	Buses	Grosbecs	Chouettes	Hibous	Crapauds volans	Lièvres	Lapins	Cerfs Daguets	Faons de Biche	Faons de Daim	Sangliers	Chevreuils	Totaux
Monsieur	224	84	764	20	3	"	"	1	"	"	1	1	"	1	1	"	"	1	1	"	"	317	2,345	1	"	2	1	20	3,788
M.gr le Duc d'Angoulême	142	82	469	3	6	"	6	"	"	"	"	2	"	"	"	"	3	"	"	"	1	285	2,227	"	3	"	2	23	3,254
M.gr le Duc de Berry	181	104	605	18	1	2	6	"	1	1	"	"	1	2	3	1	"	"	"	1	"	342	1,654	"	1	"	3	32	2,959
M. le Duc de Cambridge	6	4	13	"	"	"	"	"	"	"	"	"	"	"	"	"	"	"	"	"	"	17	132	"	"	"	"	"	172
M. le Duc de Wellington	9	"	1	"	"	"	"	"	"	"	"	"	"	"	"	"	"	"	"	"	"	5	7	"	"	"	"	3	25
MM. les Officiers accompagnant les Princes	46	22	101	"	1	"	1	"	"	"	"	"	"	"	"	"	"	"	"	"	"	117	979	"	"	"	"	15	1,282
Totaux	608	296	1,953	41	11	2	13	1	1	1	1	3	1	3	4	1	3	1	1	1	1	1,083	7,344	1	4	2	6	93	11,480

Etat général des pièces de gibier tués dans les Conservations du Roi.

	Quantité de Pièces.
Tirés faits par les Princes pendant la saison de 1816 à 1817.	11,480.
Hourraillemens faits par LL. AA. RR. en 1816.	100.
A la bouche du Roi en 1816.	993.
Destructions de sangliers faites d'après les ordres du Capitaine des chasses en 1816.	000.
Destructions de lapins idem.	000.
Total.	12,580.

Liste des personnes à qui le Roi a bien voulu accorder la permission de porter l'habit de ses chasses à courre.

Le porteur sans autorisation :

Les Officiers de la Maison du Roi qui sont de service près de Sa Majesté ;

Les Officiers des Maisons des Princes qui sont également de service près de sa personne.

Ont reçu l'autorisation :

MM. le Duc de Wellington,
le Comte de la Roche-Jaquelin,
le Comte de Harcourt,
le Comte de Laigle,
le Duc de Reggio,
le Marquis de Crillon,
le Marquis de la Grange,
le Comte de la Poterie,
le Général Comte de Lauberdière,
le Prince de Montmorency,
le Vicomte de Montmorency,
le Marquis de Laigle,
le Comte de la Guiche,
le Baron de Montmorency,
le Comte de Sesmaisons,

MM. le Comte de Crillon,
de Boisgelin,
le Colonel Fremantle,
le Comte de Bonneval,
le Comte de la Briffe,
le Comte du Halay,
le Marquis d'Esclignac,
Louis Greffulhe,
Jules de Montbreton,
le Comte James Pourtalès,
le Baron Adolphe de Maussion,
le Comte de Chastenay,
le Comte Doilliamson,
le Marquis de Gontaut-Biron,
le Comte de Vence,
le Colonel Talon,
Achille Delamare.

Table indicative.

www.ingramcontent.com/pod-product-compliance
Lightning Source LLC
LaVergne TN
LVHW011433180726
843503LV00002BA/391

АВТОМОБИЛИ
ТРАКТОРЫ
МОТОЦИКЛЫ
ВЕЛОСИПЕДЫ
И ВСЕ ДЛЯ НИХ
АВТОПРОМТОРГ
ТОРГ. ПРОМЫШЛ. АВТОТРАНСП. АКЦ. О-ВО.
ПЕТРОВКА, 4 МОСКВА ТЕЛЕФ. 3-70-14
ОТДЕЛЕНИЯ: ЛЕНИНГРАД, ХАРЬКОВ, РОСТОВ ⁿ/д И ДР.
CARD DE LA COMPAGNIE ACTIONNAIRE DE TRANSPORT
ET D'AUTOMOBILE «AUTOPROMTORG» A MOSCOU

SOCIÉTÉ DE BIJOUTERIE, MOSCO

„MJUT"

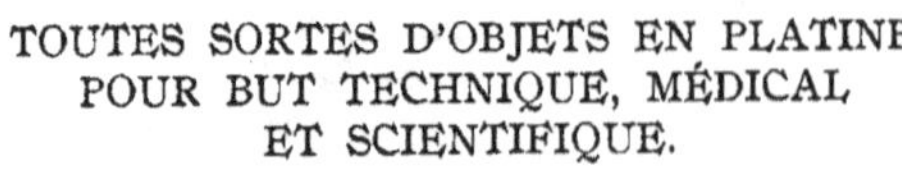

TOUTES SORTES D'OBJETS EN PLATINE
POUR BUT TECHNIQUE, MÉDICAL
ET SCIENTIFIQUE.

SIÈGE CENTRAL ET MAGASIN
PRINCIPAL: KOUSNETZKY MOST, 2.

CREUSETS AVEC COUVERCLES,
CAPSULE OU BOUTON
(CREUSETS FORME BASSE).

CREUSETS GO
(FONDS PERFO

CREUSET DE
LAWRENCE SMITH.

CAPSULES ORDINAIRES
AVEC OU SANS BEC.

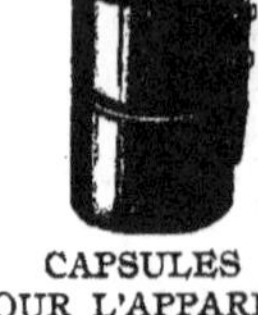

CAPSULES
POUR L'APPARE
CALORIMÉTRIQUE DE

$\mathscr{SPATULES}$

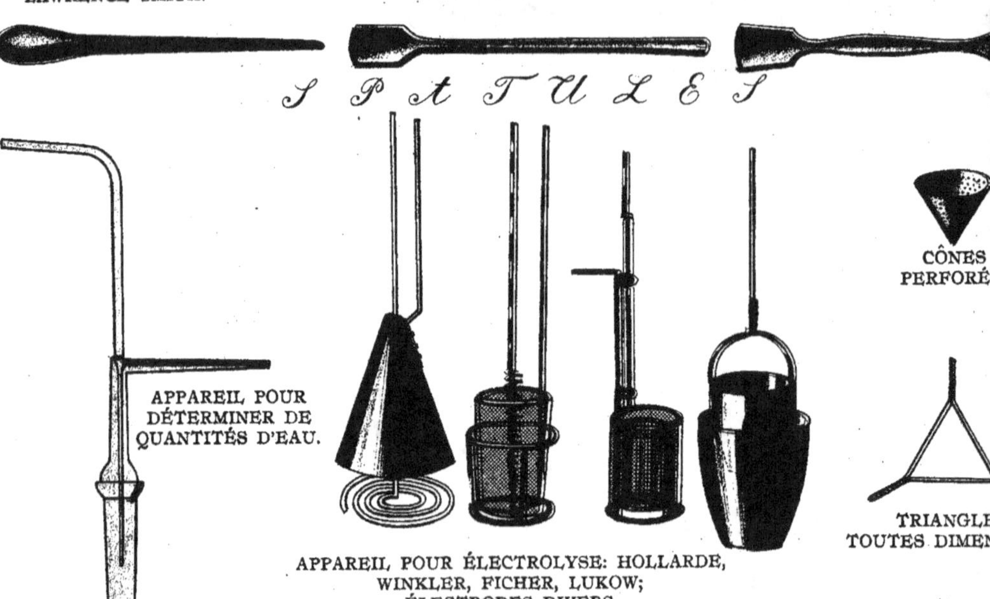

APPAREIL POUR
DÉTERMINER DE
QUANTITÉS D'EAU.

APPAREIL POUR ÉLECTROLYSE: HOLLARDE,
WINKLER, FICHER, LUKOW;
ÉLECTRODES DIVERS.

NACELLES.

CÔNES
PERFORÉS

TRIANGLE
TOUTES DIMEN

CONSEIL DE L'ÉCONOMIE LOCALE DE LA PROVINCE DE PRIMORIE à VLADIVOSTOK.

Le conseil unifie les établissements suivants:

Trust de l'industrie meunière de l'État. Trust des savons, parfums et bougies de l'État. Trust des tabacs. Trust des allumettes. Hôtel „Versailles" de premier ordre. Abattoirs de Krasnomysskaya et de Pervoretchenskaya. Établissements de bains № 1 et 2. Moulin à huile de l'État. Tanneries de l'État. Fabrique de vodka et de liqueurs. Station électrique. Service de tramways. Hôtel „Krasny Vladivostok" de premier ordre. Blanchisserie mécanique.

Le pouvoir Sovétique, lors de son arrivée à Primorie, trouva tous les établissements industriels détruits; une partie des machines était enlevée et presque toutes étaient détériorées.

À présent, le Conseil (Secteur) de l'économie locale de Primorie a sous sa direction les établissements suivants:

Le Trust de l'industrie meunière, au capital fondamental de 990.000 roubles, capital de roulement 370.000 roubles. La production quotidienne du Trust est de 12.000 pouds (environ 198.000 kilogrammes) de farines et 600 pouds de macaroni.

Le moulin à huile (huilerie) de l'État, au capital fondamental de 275.000 roubles, capital de roulement 29.000 roubles. Production: pressage de 1000 pouds de graines de lin par jour.

Fabrique d'allumettes „Krasny Vostok" au capital de 70.000 roubles, capital de roulement 37.000 roubles. Production de 180 caisses d'allumettes par jour.

Fabrique de tabacs, au capital de 30.000 roubles, capital de roulement 32.000 roubles. Production quotidienne: cigarettes — 240.000, cartouches pour cigarettes — 500.000, tabacs de qualités inférieures — 60 pouds.

Fabrique de savons, parfums et bougies, au capital de 13.000 roubles, fonds de roulement 80.000 roubles. Production par jour: 200 pouds de savon ordinaire, 250 douzaines de savon de toilette, parfums divers 100 douzaines et 100 pouds de bougies.

Tannerie de l'État au capital de 90.000 roubles, capital de roulement 45.000 roubles; production: tannage de 110 pouds de cuirs par jour.

Brasserie de l'État au capital de 105.000 roubles, capital de roulement 15.000 roubles; production de 6000 litres par jour.

Fabrique de conserves et liqueurs de l'État, capital fondamental 80.000 roubles, capital de roulement 30.000 roubles; production: 2000 boîtes de conserves et 250 litres de liqueurs par jour.

„DALLESS"

TRUST FORESTIER DE L'ÉTAT

en Extrême-Orient.

TERRITOIRE D'EXPLOITATION: les opérations d'exploitation du Trust s'étendent du lac Baïkal (Pribaïkalié) jusqu'aux bords de l'Océan Pacifique, embrassant un rayon forestier d'une superficie de 75.000.000 hectares.

PRODUCTION: l'exportation annuelle de bois du rayon exploité peut atteindre, d'après les calculs les plus modérés, 50.034.400 mètres cubes.

ESPÈCES PRINCIPALES: des 50 espèces de bois et de leurs variétés on exploite et débite maintenant sur les marchés de l'Union, ainsi qu'à l'étranger les sortes suivantes: 1) le pin (pinus silvestris), 2) le cèdre (pinus koraiensis), 3) le mélèze (larix Dahurica), 4) le sapin Sibérien (picea Siberica), 5) le sapin blanc (abies), 6) l'if (taxus cuspidata), 7) le frêne (fraxinus Mandshurica), 8) le chêne de Mongolie (quercus Mongolica), 9) le noyer d'Amour (juglans Mandshurica), 10) le noyer blanc (Dimorphantus Mandshurica), 11) l'arbre-liège (phillodendron Amurense), 12) le bouleau noir (betula Dahurica), 13) le tremble (populus trembula), 14) le bouleau blanc (betula alba), 15) le tilleul (tilia Mandshurica), 16) le grand baumier (populus suaveoleus), 17) l'orme noir (ulmus montana), 18) l'orme ordinaire (ulmus campestris), 19) l'acacia d'Amour (Maackia Amurensis), 20) l'érable soyeux (acer mono), 21) le charme d'Oussouriysk (ostris Mandshurica).

BASE POUR L'EXPORTATION DES BOIS DE L'EXTRÊME-ORIENT: l'exportation des bois du Trust à l'étranger s'effectue: a) du rayon forestier situé sur les bords du lac Baïkal et au-delà du Baïkal par le chemin de fer „Vostotchny-Kitaïsko", b) des massifs forestiers situés dans le rayon de l'Amour et de ses affluents via Nicolaevsk—port, c) du rayon d'Oussouriysk par le chemin de fer d'Oussouriysk, via Vladivostok—port et d) des bords de l'Océan Pacifique, de l'embouchure de l'Amour jusqu'au golfe d'Oussouriysk directement à travers des nombreuses baies et criques, situées sur tout le littoral.

LE PROGRAMME D'EXPLOITATION DE «DALLESS» POUR L'EXERCICE DES CINQ PREMIÈRES ANNÉES 1924—1929.

Depuis sa fondation (1922), jusqu'à l'exercice présent le mouvement des opérations de „DALLESS" est illustré par les chiffres suivants: la production pour l'exercice 1922—moins de 28.000 mètres cubes, pour 1923—112.000 mètres cubes, pour 1924—518.000 mètres cubes et le programme de 1925—600.000 mètres cubes.

„DALLESS" unifie toute l'industrie forestière de l'Extrême-Orient.

Le Trust reçoit des commandes pour toutes sortes de bois sciés (pin, cèdre, sapin et autres espèces) avec transport à Harbine, Vladivostok, Dayren, Tchantchoun, Nicolaevsk s/A, à tous les ports de l'Union et à l'étranger.

„DALLESS" a 11 scieries mécaniques et une fabrique de bois de placage.

La Direction et le Comptoir Général se trouvent à **Vladivostok,** rue de Lénine, № 46.

Adresse télégraphique: Vladivostok, „DALLESS". Codes: Bentley, Akme et Roudcode. Succursales: à Tchita, Blagoveschensk et Habarovsk. Représentants: à Harbine, Changhaï, au Japon. Agences: à Nicolaevsk s/A. Entrepôt en Mandjourie.

CHEMIN DE FER D'OUSSOURIYSK.
LA DIRECTION SE TROUVE À HABAROVSK
PROVINCE PRIMORSKAYA.

Le chemin de fer d'Oussouriysk, limité d'un côté par le chemin de fer de Tchitinsk à la station „Ouschoumoun" et par le chemin de fer Kitaïsko - Vostotchny à la station „Pogranitschnaya" de l'autre, s'étend jusqu'au port de l'Océan Pacifique — Vladivostok, dont la rade est libre de glace toute l'année. **La longueur totale de la ligne est de 2023 kilomètres.** L'inclusion de la ligne dans le réseau de l'Union s'effectua en 1922 après la période des guerres civiles et de l'intervention étrangère; la mise en état des voies détruites durant la guerre civile, la construction des ponts détruits et autres constructions, ainsi que les améliorations techniques apportées jusqu'à ce jour, dépassent 5.000.000 de roubles.

Il faut citer ici le travail capital de la reconstruction du pont sur le fleuve Amour, le plus grand dans l'Union R. S. S., dont la longueur d'un bord à l'autre est de 2,6 kilomètres.

L'amélioration de l'état technique de la ligne est telle que la vitesse moyenne des trains dépasse 55 kilomètres par heure.

Des trains - express directs font le service de Moscou à Vladivostok; ces express ont des wagons-lits et des wagons-restaurants munis d'éclairage électrique.

Traversant une contrée riche en forêts et mines de charbons (coke), le chemin de fer d'Oussouriysk ouvre des grandes perspectives pour l'exportation du bois et du charbon, via Vladivostok, sur les marchés étrangers, et sert d'intermédiaire pour l'exportation de Mandjourie des céréales et pour l'importation des marchandises diverses.

Tous les transports s'effectuent au moyen et par l'intermédiaire du comptoir commercial du chemin de fer d'Oussouriysk à Vladivostok; le comptoir effectue toutes les commissions de ses clients. Le comptoir a un outillage perfectionné pour le débordement des marchandises des bateaux et le chargement des trains et vice - versa. **Pour la commodité de ses clients étrangers,** expédiants leurs marchandises via Vladivostok, **le chemin de fer d'Oussouriysk a des agences spéciales à Changhaï (port) et Harbine** qui rendent de grands services pour le transport des marchandises. Des agences commerciales vont être sous peu établies dans les ports japonais.

Le chemin de fer d'Oussouriysk a des agences: à Vladivostok, Nicolaevsk s/A. et à Toury-Rog; **des stations urbaines** à Vladivostok, Nicolo - Oussouriysk, Habarovsk, Blagoveschensk et Moscou, qui effectuent toutes les opérations commerciales et de transport pour l'exportation et l'importation, la consigne des marchandises dans des entrepôts spéciaux et entrepôts frigorifiques.

INDUSTRIE DE NAPHTE DE BAKOU.

La nationalisation trouva l'industrie de naphte à Bakou dans un état déplorable.

Pendant la guerre Européenne, à cause du manque de matériaux techniques, dès l'année 1915 la production diminuait de plus en plus, particulièrement le forage. Dès l'année 1919 la diminution de la production s'est laissée très fortement sentir. Vers ce moment le forage s'arrêta presque absolument et la plus grande partie des mines cessèrent de fonctionner, l'exploitation continua seulement dans les endroits où le travail ne pouvait être suspendu à cause du danger des inondations.

Après avoir pris l'exploitation de l'industrie de naphte (huilière) entre ses mains, le gouvernement a été obligé de dépenser une très grande énergie et de très grands moyens pour la soutenir et la conserver.

Durant la première période, ce travail a été très compliqué, car les moyens des Républiques Soviétiques étaient complètement épuisés par la guerre impérialiste et ensuite par la guerre civile.

La restitution de l'industrie s'effectuait avec une extrême tension.

Peu - à - peu, avec l'amélioration de l'état économique de toute la contrée, l'industrie huilière a été reconstituée et vers l'année 1921 il fut enfin possible d'arrêter la destruction et de mettre pied sur terre ferme pour continuer la restitution de l'industrie.

L'outillage des mines, s'étant presque complètement usé durant la guerre, fut en grande partie renouvelé. On bâtit de nouvelles fabriques pour le service de forage. L'électrification fit de grands progrès, et les stations de l'Électrotok furent restaurées et pourvues de nouvelles machines. Toutes les mines et fabriques furent réunies par un raiseau de chemins de fer à ornière étroite, sur l'étendue d'à peu près cent verstes. L'industrie était de mieux en mieux pourvue de matériaux techniques, d'outils et de comestibles.

En même temps se développait la rationalisation de l'industrie huilière, qui s'énonçait par le perfectionnement des méthodes de forage et de l'extraction.

Dans le travail de forage sont introduits les méthodes de virement et autres qui diminuent le prix de la production.

Le forage d'autrefois est remplacé par le nouveau système des pompes, ce qui permet d'arrêter la volatilisation de la naphte pendant le travail. On construit de nouvelles fabriques pour la production de gazoline — production de benzine des gazs naturels.

Les fabriques de rectification travaillent de même sur une nouvelle méthode.

Voilà quelques chiffres qui caractérisent le développement de l'industrie de naphte (huilière) de Bakou.

	Production de naphte en tonnes	Forage	Export de Batoum à l'étranger
1921	2.575.000	4862	—
1922	3.141.000	1840	123.680
1923	3.767.000	63.118	277.608
1924	4.315.000	85.148	586.855

LE TRUST DE CUIR D'OMSK.

LA DIRECTION a siège à Omsk, rue Rabfakovskaya, 11.
Tél. 3-58 et 1-56.

Le Trust fut fondé le 1 octobre 1921.

Le Trust unifie les établissements industriels suivants:

1) **TANNERIE DU NOM DE A. I. RYKOFF.** La tannerie est électrifiée et mécanisée. La tannerie fut construite et outillée en 1924 et commença son travail le 15 Novembre 1924.
La production annuelle est de 100.000 peaux.
Les bâtiments et l'outillage sont evalués à 2.000.000 de roubles.

2) **TANNERIE POUR LE TONNAGE DES PEAUX DE MOUTONS** avec un atelier pour la confection de pelisses diverses avec les peaux travaillées par la tannerie.
La production annuelle de la tannerie est de 50.000 peaux de moutons.

3) **ATELIER DE CONFECTION DE CHAUSSURES. La production annuelle est de 15.000 paires de chaussures** de toutes sortes et modèles.

La vente des produits et marchandises du Trust s'effectue par ses magasins de gros et détail.

BRASSERIES UNIFIÉES.

Conseil de l'Économie Nationale de Nijni-Novgorod.

Les brasseries se trouvent à Nijni-Novgorod, Arsamas et Liskov.
La production des brasseries est de 75.000 hectolitres.
La Direction des brasseries a siège à **Nijni-Novgorod,**
rue Potchainskaya, 20.
Tél. 3-14 et 7-51.

LA BOURSE D'OMSK.

Omsk, rue de Lénine, 4.

La Bourse fonctionne de 12 à 14 heures.

Enregistrement des offres et demandes. Transactions en Bourse et hors Bourse par l'intermédiaíre des courtiers.

Publication quotidienne du „Bulletin Commercial" avec une large information des prix sur place, ainsi que de tous les marchés de l'Union R. S. S.

La Bourse d'Omsk a une commission de cote, un bureau d'enregistrement des transactions hors Bourse, un bureau d'expertises et une commission d'arbitrage.

La Bourse a plusieurs sections, dont les principales sont: la section des céréales, la section de beurre et huiles, la section des matières premières et la section du commerce privé.

Exposition permanente d'échantillons des produits et marchandises locales. Analyse des céréales et du beurre pour l'exportation.

Renseignements divers.

LE CHEMIN DE FER D'OMSK.

Faisant partie du Transsibérien (vers l'Océan Pacifique), le chemin de fer d'Omsk a une longueur totale de 2500 kilomètres.

Son capital atteint 120.000.000 de roubles.

Le chemin de fer dessert les rayons de Tchéliabinsk, Kourgansk et Tumègne de la région de l'Oural et les provinces d'Akmolinsk, Omsk et Sémipalatinsk, ainsi que les steppes de Barabine.

Le chemin de fer d'Omsk se trouve être par sa position une artère d'une grande importance commerciale pour la région et facilite l'exportation des produits d'économie rurale jusqu'à 10.000.000 de pouds par an.

Malgré la perte de 20% de son capital fondamental pendant les guerres civiles et de tout son capital de roulement— le chemin de fer d'Omsk, comme l'a démontré le bilan de l'exercice 1924, se trouve en plein rétablissement.

ÉTABLISSEMENTS ÉLECTROTECHNIQUES UNIFIÉS D'ARCHANGEL.

Les établissements unifiés concentrent tous les services municipaux et les effectuent aux prix les plus réduits.

L'Union se compose des établissements suivants:

1) **Service d'éclairage** (station d'une puissance de 1500 kwt., chauffage économique sur les résidus des scieries). 2) **Tramways municipaux** (longueur des voies—29 kilomètres, 18 wagons, 1 tracteur, 2 chasse-neige et 150 wagonnettes de transport). 3) **Service des eaux** (débit par heure$=$300.000 litres). 4) **Scieries à 4 châssis.** 5) **Service des téléphones** (650 abonnés). 5) **2 moulins.** Magasins de matériel d'électricité.

L'Union est le représentant des sociétés suivantes: 1) „Elmachtrust"—de Léningrad. 2) Trust Électrotechnique de l'Union „Électrosviaz"—de Léningrad. 3) Société Anonyme d'Encouragement de la Région Nord-Ouest „Électropomosch" pour l'application de l'énergie électrique—de Léningrad.

Toutes les usines et fabriques (scieries, moulins etc.) sont électrifiées. Nombre du personnel—1000.

$$
\begin{array}{ll}
\text{Virements annuels} \ldots \ldots & \text{1.162.078 roubles.} \\
\text{Capital} \ldots \ldots \ldots \ldots & \text{2.694.138} \quad \text{\textquotedblright} \\
\text{\textquotedblright \; de roulement} \ldots \ldots & \text{486.497} \quad \text{\textquotedblright} \\
\text{\textquotedblright \; d'amortissement} \ldots & \text{390.513} \quad \text{\textquotedblright}
\end{array}
$$

Le Conseil des établissements unifiés se compose de: Président du Conseil A. K. FEFILOFF, Directeur ing. F. A. DITZ, Membre du Conseil V. F. PETROFF.

BANQUE DE L'EXTRÊME ORIENT (SOCIÉTÉ ANONYME).

Direction à Khabarovsk.

Capital 5.000.000 de roubles or.

Comptoirs, succursales, agences et représentations: Tchita, Vladivostok, Verchneoudinsk, Sretensk, Blagovestchensk, des Mines d'or (Larinskoy, Tommot, Zeja); Khabarovsk, Nikolaevsk sur l'Amour, Novonikolaevsk, Pétropavlovsk (au Kamtchatka), Kharbin, Moscou, Kobe.

Adresse télégraphique: DALBANK.

Correspondants dans toutes les villes de l'U. R. S. S.

Correspondants à l'étranger: Corporation Banquaire Internationale—Kharbin; Arcos-Bank-London; Berliner Handelsgesellschaft, Deutsche Bank-Berlin; Banque de l'Extrême Orient à Kharbin avec succursales à Khaylar, en Mandjourie, à Changhaï, Tien-Tzin, Kalgan, Pékin, Kobe; Banque Commerciale et Industrielle de Mongolie à Ourga et Aytanboulak.

LE SERVICE MUNICIPAL DU GOUVERNEMENT
DE TOMSK.

Le service municipal du Gouvernement de Tomsk dirige toute une série d'entreprises communales —

Établissements: « **Vodoswiet** » d'hygiène publique, et autres ci-dessous mentionnés:

1) **fabrique d'allumettes** „KOMINTERN",
2) **association des usines de tannerie,**
3) **usines unifiées de levain,**
4) **scieries unifiées,**
5) **établissement** pour construction de ponts, chaussés et bâtiments divers.

OFFRE en grand choix les produits divers de sa fabrication: allumettes, cuirs de toutes sortes, chaussures, bois d'export, poids et mesures en système métrique et exécute toute sorte de travaux de construction.

Le service municipal exécute la vente de ses produits et effectue des constructions diverses dans tous les grands centres de la Sibérie.

Adresse: Tomsk, „GOUBMESTKHOSE".

TRUST DE L'ÉTAT POUR L'EXPLOITATION
DES MINES D'OR

„ÉNISSEISOLOTO".

Le Trust exploite les plus riches et les plus fertils gisements d'or de la région d'Énisseysk.

Certaines parties des entreprises ont beaucoup soufferts pendant les occupations étrangères et pendant la guerre civile en Sibérie.

Quelques unes furent entièrement détruites. La restauration fut commencée en 1920.

Aujourd'hui 30% des entreprises sont restaurées.

L'extraction de l'or atteint 1000 kgr., c'est-à-dire près de 50% de l'exploitation d'avant la guerre de toute la Région.

L'extraction possible surpasse de beaucoup l'exploitation présente ainsi que celle d'avant la guerre.

„SIBKRAÏSOYOUS“

FÉDÉRATION DES SOCIÉTÉS COOPÉRATIVES DE SIBÉRIE.

La Direction et Comptoir Général ont siège à

NOVONICOLAEVSK, rue des Communistes, № 60.

Adresse télégraphique: **Novonicolaevsk, „SIBKRAÏSOYOUS“.**

SIBKRAISOYOUS: succursales à Moscou, Sverdlovsk et représentant à l'Extrême Orient (Harbine, Centrosoyous England Limited).

SIBKRAÏSOYOUS unifie 19 associations cantonales des six provinces de la Sibérie.

La Fédération se compose de **720** sociétés coopératives et de **400** mille membres.

SIBKRAÏSOYOUS unifie aussi en ville 12 sociétés coopératives ouvrières, comptant plus de 100.000 membres.

SIBKRAÏSOYOUS a une fabrique de savon et une typographie à Novonicolaevsk.

SIBKRAÏSOYOUS produit des opérations à commission et la vente, argent comptant, des marchandises et des produits des sociétés affiliées et pour le compte des sociétés coopératives centrales.

SIBKRAÏSOYOUS produit des opérations à commission et la vente, argent comptant, des produits et matières premières d'agriculture et des produits de chasse (fourrures).

SIBKRAÏSOYOUS facilite les rapports entre toutes les organisations coopératives faisant partie de la Fédération dans leurs fonctions.

FÉDÉRATION DES SOCIÉTÉS COOPÉRATIVES DE CONSOMMATION DE TOMSK ET DE NARIME
„POTREBSOYOUS“.

Comptoir général à Tomsk, rue Tezkovsky, № 7.

Unifie 143 Sociétés Coopératives de consommation, avec 212 succursales de commerce et 82 fabriques de beurre avec 41 filiales et 3 fromageries. Possède 4 factories: à Ketzkaia, Vasiuganskaia, Timskaia et du Nord. POTREBSOYOUS pour l'approvisionnement de ses Sociétés affilées a en stock un grand choix de diverses manufactures: mercerie, ferblanterie, quincaillerie, épicerie, bonnets, chaussures, vaisselle etc., etc.

Poissons de toutes sortes, de préparation diverse, en grande quantité. Caviar, esturgeons essorés, noix de cèdre.

Gibier, volaille, baies, miel, beurres de différentes qualités etc.

ENTREPÔTS À TOMSK.

De fourrures, crin, poil, filament, poisson, gibier, miel, cire et peaux.

PRODUCTION À TOMSK.

De chaussures de feutre, fraction de fessons, cable et corde, de lainage, de tabac, de tannerie, conserves de poisson de meilleure qualité.

La Fédération a une typographie, des magasins de poisson et de viande et un magasin sur la Place du Marché pour l'achat des produits d'agriculture.

XIII

„CENTROSOYOUS" DE L'U.R.S.S.

COMPTOIR RÉGIONAL DE L'ASIE CENTRALE.

Le **comptoir régional** du Centrosoyous en Asie Centrale **se trouve à Taschkend,** des succursales à Boukharie, Poltorazk (ci-devant Ashabad), Khokand, Samarcande, Kanibadam, Aoulié-Ata; des agences à Andigean, Djalal-Abad, Turkestan, en Perse — à Kougan et Mesched.

Le comptoir fonctionne d'après les statuts du Centrosoyous.

1. À l'aide de ses filiales et agences régionales, le Centrosoyous effectue la vente des marchandises suivantes: manufacture, mercerie, chaussures, épiceries, légumes, grains, poisson et viande, produits agricoles et autres.

2. Effectue les achats en masse des fruits secs (sechés par les procédés Californiens et régionaux) et la vente directe aux consommateurs de l'U. R. S. S. Le comptoir effectue de grands travaux d'agriculture pour l'amélioration des jardins fruitiers de l'Asie Centrale, la lutte avec les insectes nuisibles et pour le perfectionnement de la production et la fabrication des fruits secs.

3. À l'aide de ses filiales et sociétés coopératives, le Centrosoyous accomplit les achats de toute sorte des matières premières sur le territoire de l'Asie Centrale (cuir, peaux, laine, boyaux, astracan etc.) pour le marché intérieur et l'exportation à l'étranger.

4. À l'aide de son personnel, il effectue le contrôle des sociétés coopératives de consommation, assure le concours financier pour la fondation des nouvelles sociétés coopératives et instruit les jeunes coopérateurs se servant d'écoles, de cours, de brochures, de livres et affiches en langues indigènes.

LES OPÉRATIONS D'EXPORTATION DES RÉPUBLIQUES SOVÉTIQUES SOCIALISTIQUES DE L'ASIE CENTRALE.

REPRÉSENTATION DU COMMISSARIAT DU PEUPLE POUR LE COMMERCE EXTÉRIEUR DE L'U. R. S. S. EN ASIE.

Sur une superficie de 1.731.090 verstes carrées, entre la mer Caspienne et les montagnes Tiagne-Chagne s'étend un vaste pays, surnommé jadis „TURKESTAN" et qui représente aujourd'hui le territoire des RÉPUBLIQUES SOVÉTIQUES SOCIALISTIQUES TURKMÈNE, OUSBÈKE ET KIRGHIZ, de la République Sovétique autonome des Tadjiks et du domaine autonome de Kara-Kirghizie. Ce pays est peu connu en Europe. Par ses richesses naturelles il est une mine d'or inépuisable.

L'or en minéral, les mines d'argent, les mines de radium, de cuivre, de la houille, les sables aurifères, les pierres précieuses ne sont encore que très peu exploités.

Les meilleures sortes d'astrakan, la zibeline, l'hermine, le renard rouge, l'ours, la panthère, le tigre, le putois, le loup y sont en tel nombre qu'ils peuvent garantir pour longtemps les plus grands marchés. Toutes ces fourrures sont achetées, préparées et exportées par les représentants du Commissariat du Peuple pour le commerce extérieur en Asie Centrale, ayant un réseau de filiales et agences, effectuant l'achat des marchandises et des matières premières directement chez les producteurs. Grâce à cette organisation d'achats les „GOSTORGS" (nom abregé des comptoirs) peuvent effectuer la vente de ces marchandises meilleur marché, de meilleure qualité et en plus grand choix que les entreprises privées.

En échange, le „GOSTORG" importe les machines agricoles, des produits de fabrication européenne et des produits de consommation en masse qui n'ont pas leur production dans l'U. R. S. S. Avant la guerre, la France fut au nombre des pays qui commencèrent à faire connaissance avec l'Asie Centrale.

Maintenant, après le renouvellement des relations normales avec l'U. R. S. S., nous pouvons espérer que la France recommencera ses opérations commerciales en Asie Centrale.

Nous espérons que l'exposition d'art décoratif et d'agriculture industrielle à Paris réveillera en nos amis français un vif intérêt envers notre pays si riche.

„VNECHTORG" d'Asie Centrale ira volontiers à la rencontre des demandes et offres de toutes personnes, ainsi que des Sociétés commerciales interessées dans la question concernant la position de l'industrie et du commerce d'Ousbekistan et de Turkmenistan.

„VNECHTORG" de l'Asie Centrale demande toutes les personnes et tous les établissements, qui voudraient recevoir des informations et renseignements sur toutes les questions d'industrie et de commerce dans le pays, de s'adresser:

„VNECHTORG", Taschkend, rue de Pouchkine, 16.

La correspondance se fait en russe, français, allemand, anglais, ousbek et turkmène.

SOCIÉTÉ UNIFIÉE D'INDUSTRIE DE L'ÉTAT À KRASNOYARSK
„PROMKOMBINAT".

Sibérie, Krasnoyarsk, Sovetskaya, 61.

Unifie 3 tanneries, un atelier de coupe et coutures, une fabrique de chaussure „SPARTAK", une fabrique de drap „KRASNY OKTIABR", une fabrique de savon et une fabrique de feutre.

PRODUCTION ANNUELLE:

Cuir non tanné... 100.000 peaux. | Semelles......... 130.000 peaux.

Cuir chromé .... 170.000 peaux.

Drap............. 260.000 m. | Chaussures ...... 175.000 paires.

Coupe pour habil- | Savon.......... . 5000 tonnes.

lement......... 340.000 pièces. | Chauss. de feutre . 120.000 paires.

VENTE EN GROS — à l'entrepôt de „PROMKOMBINAT", Krasnoyarsk, rue Sovetskaya, 61.

AU DÉTAIL: aux magasins № 1, Krasnoyarsk, Sovetskaya, 98.

     „   „   № 2,   „   Place Novaya Bazarnaya, bâtiment № 24.

     „   „   № 3, à Atchinsk.

VENTE SPÉCIALE POUR L'ÉTRANGER DE LAINE ET CRIN.

ACHAT:

laine de mérinos, laine de mouton, toutes sortes de cuirs, produits chimiques pour la préparation du cuir,

graisses, colophane et potasse, machines pour la production méca-nique des chaussures, | couleurs d'aniline et produits chi-miques pour la production des chaussures,

machines et instruments pour les tanneries et les fabriques de chaussures.

Directeur Général I. V. TOLOTCHKO. Vice-Directeur et Directeur Commercial A. S. KLARFELD. Directeur Technique VL. I. VANDALOVSKY. Vice-Directeur Technique K. K. MIAGKOFF. Comptable Général V. V. KOLBINE. Administrateur des Finances I. E. BOIKO. Secrétaire Général A. IVANOFF.

L'UNION CENTRALE DES SOCIÉTÉS COOPÉRATIVES DE CONSOMMATION
„CENTROSOYOUS".

LA DIRECTION a siége à Moscou, B. Tcherkassky, 15.

EXPORTATION:

a) matières premières de toute sorte, telles que: fourrures, .pelleterie, cuir, soie de porc, mouflon, laine, crin, plume, duvet, lin, filasse, chanvre, étoupe, cocons de vers-à-soie;

b) produits alimentaires: caviar frais pressé et caviar rouge, esturgeon, conserves, beurre, œufs, gibier, volaille, viande, moutarde, noix etc.;

c) tabac du Caucase.

Les achats se font directement des producteurs par les sociétés coopératives unifiées. L'exportation s'effectue franco connaissement, ainsi que fob et sif aux ports russes et étrangers.

IMPORTATION

d'outillages et matériaux de fabriques et d'usines de merceries, des épiceries, des produits chimiques, des produits tannants et des couleurs.

Les opérations extérieures sont effectuées par les représentants du „CENTROSOYOUS".

LONDRES: London E. C. 2, Hazllit House, Southampton Buildings Holborn, Centrosoyous (England) Limited.

NEW-YORK: New-York U. S. A. 136, Liberty Street, Centrosoyous (America) Inc.

BERLIN: Berlin W. 8. Unter den Linden, 17/18, Centrosoyous G. m. b. H.

PARIS: Paris (8 c), 22, rue d'Anjou, Société Anonyme Centrosoyous (France).

RIGA: Riga, Valnu icla, 3/5, dz. 17 Akt. Torg. O-wo Centrosoyous.

KHARBIN: Corner Boulvarnaia and Strelkovaia, Centrosoyous Building, Centrosoyous (England) Limited.

SHANGHAÏ: 14 Kiuklang Road, Ezra Building, Centrosoyous (England) Limited.

Les délégués du Centrosoyous à **REVAL**—Revel Vene tän 1, kr. 16, et en **Perse**, à **Mesched, Tavrise, Enzeli, Barfrouche, Astrabad** et **Astar.**

CHEMIN DE FER DE TOMSK.

La Direction a siège à Tomsk (place de la Révolution).

La Direction se compose du Président et de 3 membres, desquels 3 sont ingénieurs et 1 économiste.

Construit en 1899 (partie de Transsibérienne).

La longueur de la voie en exploitation actuelle est de 2220 kilomètres.

Ses frontières sont la st. Tatarskaya à l'ouest et Tchernoretchenskaya à l'est. La ligne du chemin de fer de Tomsk se compose de la ligne d'Altaï depuis la st. Novo - Nicolaevsk jusqu'à la st. Sémipalatinsk, avec un embranchement jusqu'à la ville de Biysk, la ligne de Koltchouguino de la st. Urga jusqu'à Koltchouguino avec une prolongation jusqu'à Kousnezk (dont la construction sera finie l'année courante), avec un embranchement vers la st. Kamérovo (Leninsky Roudnik), et la ligne Atchinsk — Minoussinsk, de la st. Atchinsk jusqu'à la st. Lac — Chiro — longueur 244 verstes qui sera prochainement rattachée aux lignes du chemin de fer de Tomsk avec la prolongation de cette ligne jusqu'à la ville Minoussinsk. Nombreuses voies d'accès.

Le chemin de fer de Tomsk est relié au transport fluvial et effectue le transport des marchandises en commun avec les Sociétés de Bateaux sur les fleuves suivants: Obi — entre Novo - Nicolaevsk et Barnaoul; Tome — entre Tomsk et Leninsk (station Kamérovo au bassin de Kousnezk) et Irtych — près de Sémipalatinsk.

Le chemin de fer de Tomsk traverse six provinces: d'Énisseysk, de Tomsk, d'Altaï, de Novo-Nicolaevsk, de Sémipalatinsk et d'Omsk, où l'agriculture, la production du beurre, l'élévage des bestiaux, l'industrie forestière, l'exploitation des mines, la chasse et la pêche sont les principales occupations des habitants.

Le chemin de fer de Tomsk a dans les villes ses stations urbaines, ses agences commerciales et des services de propres voies d'accès.

Le chemin de fer de Tomsk transporte les passagers et marchandises en quantités illimitées.

Le trafic passager est desservi par 2 express par semaine, trains de poste - passagers directs et trains mixtes au tarif réduit tous les jours.

Le chemin de fer de Tomsk a aussi des services spéciaux pour la banlieue.

Le nombre de wagons en service est de mille par jour.

La plus grande attention est donnée aux wagons frigorifiques, servant pour le transport des produits comestibles.

Le chemin de fer de Tomsk possède des entrepôts frigorifiques et des glacières pour le beurre, viande etc., etc.

Le côté technique de l'exploitation est des plus safisfaisants et permet d'élargir le transport des personnes et des marchandises.

LA BOURSE DE LÉNINGRAD, dont les opérations ont été suspendues pendant la guerre, a été de nouveau ouverte au commencement de l'année 1922, quand l'Union des Républiques Sovétiques, vu le développement du commerce, a été obligée d'organiser la circulation commerciale et le marché.

Cette réouverture était nécessaire pour toutes les entreprises commerciales et industrielles.

Comme toutes les bourses de l'Union, la Bourse de Léningrad est une société dont les membres sont: les entreprises d'État, les sociétés coopératives, les maisons de commerce et les personnes privées, ainsi que les sociétés anonymes.

La composition de la Bourse au 1 Octobre (commencement de l'année 1924/1925) était la suivante: entreprises d'État — 111, sociétés coopératives — 32, maisons de commerce et personnes privées — 89 et sociétés anonymes — 21; en tout 253 membres.

Les opérations de la Bourse sont réglées par l'assemblée générale des membres.

La direction est exercée par le Comité de la Bourse, qui est élu par l'assemblée générale. L'exécution des décisions des assemblées générales se fait par le Bureau du Comité de la Bourse.

La Bourse de Léningrad a 5 sections reliées entre elles par le Bureau, ce sont: la section de commerce général, la section des bois, la section des produits alimentaires, la section des viandes et la section des valeurs (effets).

Toutes ces sections sont dsservies par différents services, dont les principaux sont: le courtage, le bureau d'experts, la commission d'arbitrage, le bureau de cote, le bureau d'information statistique et juridique.

Les chiffres d'affaires de la Bourse de Léningrad augmentent au fur et à mesure de l'extension du commerce et de l'industrie de la région.

Le montant de ces opérations pour l'exercice écoulé (1923/1924) a été de 256 millions de roubles en or; il est à remarquer que le chiffre d'affaires augmente chaque mois.

Le total des opérations pour cinq mois, du 1 Octobre 1924 jusqu'au 1 Février 1925 a été de 194 millions de roubles, contre 75 millions pour la même période en 1923/1924.

Maintenant les opérations de la Bourse embrassent la presque totalité des achats et ventes en gros, et son existance est absolument indispensable pour le développement normal du commerce.

La Bourse de Léningrad publie un Journal: „Le courrier industriel et commercial" où quotidiennement sont cotés tous les prix, sont publiés les demandes et offres, les comptes-rendus de la Bourse, les informations commerciales et des articles économiques.

TRUST DE L'INDUSTRIE HOUILLÈRE DE L'ÉTAT DU BASSIN DE KOUSNEZK

„KOUSBASSTRUST".

Novonicolaevsk, Krasny Prospect (Perspective Rouge), 30.

VENTE

de charbon pour chaudières et forges de qualité calorifique supérieure.

Le charbon du Trust est peu fusible et exclut toute possibilité de perte au moment de la combustion. Contient 1,3—1,5% d'humidité; 8—9% de cendre; 12—14% d'éléments volatils et 0,2—0,3% de souffre; sa force potentielle calorifique est de 7800—8000 calories.

Coke de qualité chimique supérieure: humidité—3%; éléments volatils—1,5%; cendre 10—11%; souffre 0,7%; qualités physiques: solidité supérieure, garantissant toute perte durant le transport et la combustion.

Expédition immédiate sur commande et en quantité désirée.

La vente se fait franco-gare de la mine (station Angerka et Soudjenka chemin de fer de Tomsk) et franco-entrepôt à Novonicolaevsk, Omsk, Tomsk, Barnaoul, Biysk, Sémipalatinsk et Krasnoyarsk.

Représentant à Moscou, Iliynka, angle de Ribny, Stary Gostiny Dvor, 22.

Adresse télégraphique dans toutes les villes „KOUSBASSTRUST".

R.F.

ИГРАЛЬНЫЕ КАРТЫ
ГОСУДАРСТВ. КАРТОЧНОЙ МОНОПОЛИИ
В МОСКВЕ
CARTES de JEU
Monopole d'Etat des Cartes à jouer
à MOSCOU.

ИГРАЛЬНЫЕ КАРТЫ

ГОСУДАРСТВЕННОЙ КАРТОЧНОЙ МОНОПОЛИИ В МОСКВЕ.

CARTES DE JEU.

MONOPOLE D'ÉTAT DES CARTES DE JEU À MOSCOU.

BANQUE D'ÉTAT DE L'U. R. S. S.

(UNION DES RÉPUBLIQUES SOVÉTIQUES SOCIALISTES)
(CI-DEVANT BANQUE D'ÉTAT DE LA R. S. F. S. R.).

	Tchervonetz.
Capital	10.000.000
Billets de banque émis au 1-er Janvier 1925	59.596.820
Réserve d'or du Service d'Émission	14.195.464
Réserve en devises étrangères du Service d'Émission	9.867.012

N. B. Le tchervonetz contient 119.4826 grains d'or pur
et équivaut à £1.1s. 1¾ d. ou à $5.14½.

SIÈGE CENTRAL ET SERVICE ÉTRANGER:

Néglinny proésde, 12, Moscou.

SUCCURSALES DANS TOUS LES CENTRES IMPORTANTS
DE LA RUSSIE D'EUROPE ET D'ASIE.

OPÉRATIONS DE BANQUE DE TOUT GENRE AVEC L'ÉTRANGER.

La Banque effectue des remises par lettre et par câble sur tout le territoire de l'U. R. S. S. Elle ouvre des comptes en monnaie russe et étrangère, émet des lettres de crédit, opère l'achat, la vente et le recouvrement des lettres de change.-

---

AGENTS ET CORRESPONDANTS DANS TOUS LES PAYS DU MONDE.

À LONDRES:

Lloyds Bank Ltd, Guaranty Trust C⁰ of New-York, Equitable Trust C⁰ of New-York, Barclays Bank Ltd, Westminster Bank Ltd, Midland Bank Ltd, Arcos Banking Corporation Ltd, Moscow Narodny Bank Ltd, J. Henry Schröder & C⁰, Samuel Montagu & C⁰, S. Japhet & C⁰, etc., etc.

À NEW-YORK:

Guaranty Trust C⁰ of New-York, Equitable Trust C⁰ of New-York, Chase National Bank of the City of New-York, International Acceptance Bank, J. Henry Schröder Banking Corporation, Irving Bank-Columbia Trust C⁰, etc., etc.

À PARIS:

Lloyds & National Provincial Foreign Bank, Barclays Bank (Overseas) Ltd, Westminster Foreign Bank Ltd, Bauer Marchal & C⁰.